EL CIRCO DE LA VICTORIA
SUS ESPECTÁCULOS
TAURINOS Y CIRCENSES

EL CIRCO DE LA VICTORIA

SUS ESPECTÁCULOS
TAURINOS Y CIRCENSES

ediciones
del Genal

Enrique Recio Quijano

ediciones del Genal

El Circo de la Victoria. Sus espectáculos taurinos y circenses.

Maquetación: *Ignacio Recio Aragón.*

Foto portada: *Cartel del 22 de octubre de 1876.*

Foto contraportada: *Calle Circo en la actualidad. Fotografía realizada por Óscar Recio Callejón.*

Coordina: *Ediciones del Genal.*

Colabora: *Librerías Proteo y Prometeo.*

Impreso en España.

Depósito Legal: *MA-2228-2024*

ISBN: *978-84-10114-71-5*

Málaga, 2024

Estimado lector, con este trabajo he tratado de rescatar del olvido, este entrañable Circo de la Victoria, que tuvo a mi parecer, más importancia de la que se le ha dado, si lo he conseguido me daré por satisfecho y recompensado. Muchas gracias.

Enrique Recio Quijano

En el año 1864 el comerciante D. Antonio Mª Álvarez, al no poder venderla, derriba la plaza de toros que él mismo había construido, y que conocida como Plaza de Toros de Álvarez se encontraba ubicada en el solar de la huerta de San Francisco, en parte de lo que hoy ocupa el garaje "Las Delicias" (antiguo cine de verano), calle Álvarez y otras, detrás de la sala María Cristina de la Fundación Unicaja.

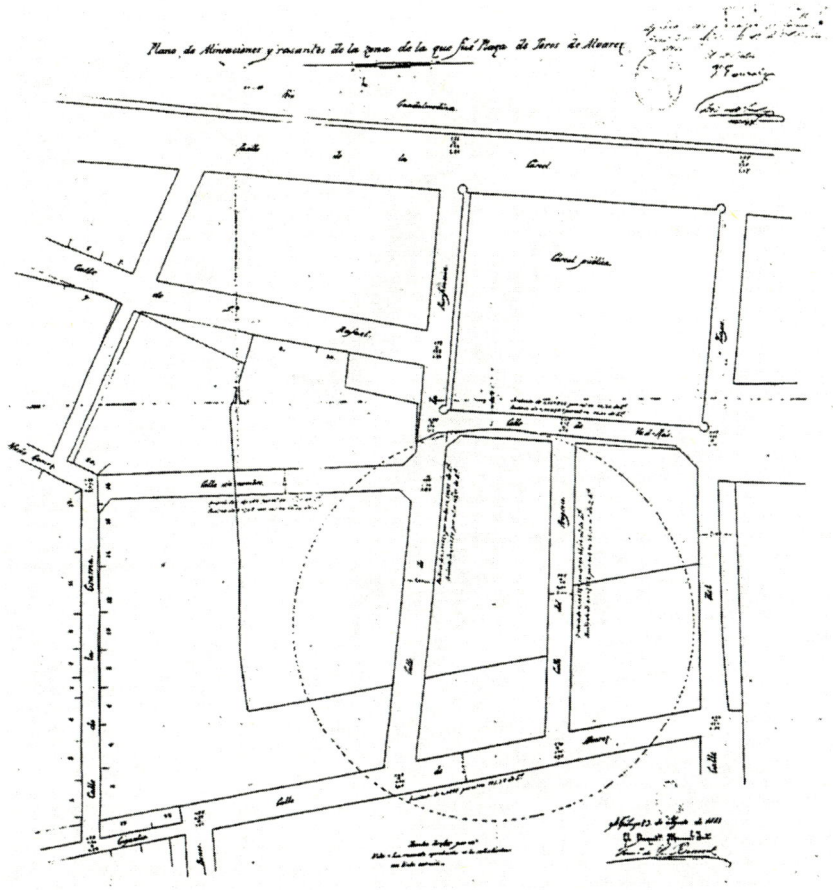

Plano que indica el emplazamiento que tuvo el coso taurino de Álvarez, del arquitecto Francisco de Paula Berrocal en 1883. A.M.M. Legajo nº 1301/176. Isla de Arriarán – 345

Desde la desaparición de la plaza de Álvarez (año 1864) y la construcción de la plaza de toros de la Malagueta (año 1876), transcurren 12 años, sin un recinto apropiado para la celebración de espectáculos taurinos en nuestra ciudad.

En el año 1844 funcionaba en Málaga el Teatro Circo de la Victoria, donde se celebraban espectáculos teatrales, ecuestres y gimnásticos entre otros, al aire libre.

Este teatro, construido no sin grandes dificultades por José García Muela (otro industrial de la diversión), estaba situado en los comienzos de calle Puerto Parejo – hoy Julio Mathies, cerca de calle Cristo de la Epidemia, en los comienzos del Paseo de Olletas, con una capacidad aproximada de 2.500/3.000 espectadores. Hoy tan sólo se conserva de aquella época una pequeña callecita llamada Calle del Circo.

Sabemos que el Sr. García Muela solicitó un préstamo de 83000 reales a D. Manuel Martínez y de Hurtado y Saenz, con los que compró en aquel rincón de Cristo de la Epidemia, en la parte baja de los tejares, un caserón derruido, y junto a éste levantó dos casas, lo que llamó el Circo de la Victoria, para dedicarlo a representaciones taurinas, ecuestres y lúdicas.[1]

Como no pudo devolver el préstamo recibido, tuvo que darle una de las casas levantadas y el circo con todas sus instalaciones, a principios de 1859.[2]

El Sr. Martínez de Hurtado, hombre emprendedor e inversor, no se interesó en el negocio, cerrándolo hasta pasados algunos años.

El Circo de la Victoria fue sacado a subasta el 25 de julio de 1861[3], ignorando la nueva propiedad, por no aparecer los documentos necesarios.

Este circo sufrió denuncias de algunos propietarios de las casas colindantes, debido al abandono en que se encontraba, y en las reparaciones oportunas D. Manuel Martínez debió invertir buena suma.

Como el Circo de la Victoria seguía cerrado, y deteriorándose día a día, el Sr. García Muelas consiguió una prórroga del alquiler, como también de la casa adjunta que le había vendido para unir ésta a aquél y continuar las representaciones para el fin que se construyó.

Del detalle de estas representaciones (según las noticias encontradas) celebradas en el Circo de la Victoria, principal objetivo de este trabajo, doy cuenta más adelante bajo el título de "Efemérides".

Desafortunadamente no ha quedado referencia gráfica de este edificio. Debió tener unos chiqueros de madera para los novillos (por lo reducido de la plaza no se permitían corridas de toros), pero por la misma razón, difícilmente debió tener chiqueros o espacio para los caballos, posiblemente estarían en el Ejido, que se encontraba muy cerca del Circo de la Victoria.

Tampoco hay referencia numérica de su cabida (algunos historiadores hablan de unos 2.500 espectadores), pero por su especial característica no debió ser muy numerosa.

---

[1]   A.H.P.M. – Leg.4669 – folio, 81.
[2]   A.H.P.M. – Leg.5132 – folio, 571.
[3]   A.H.P.M. – Leg.5083 – folio, 587.

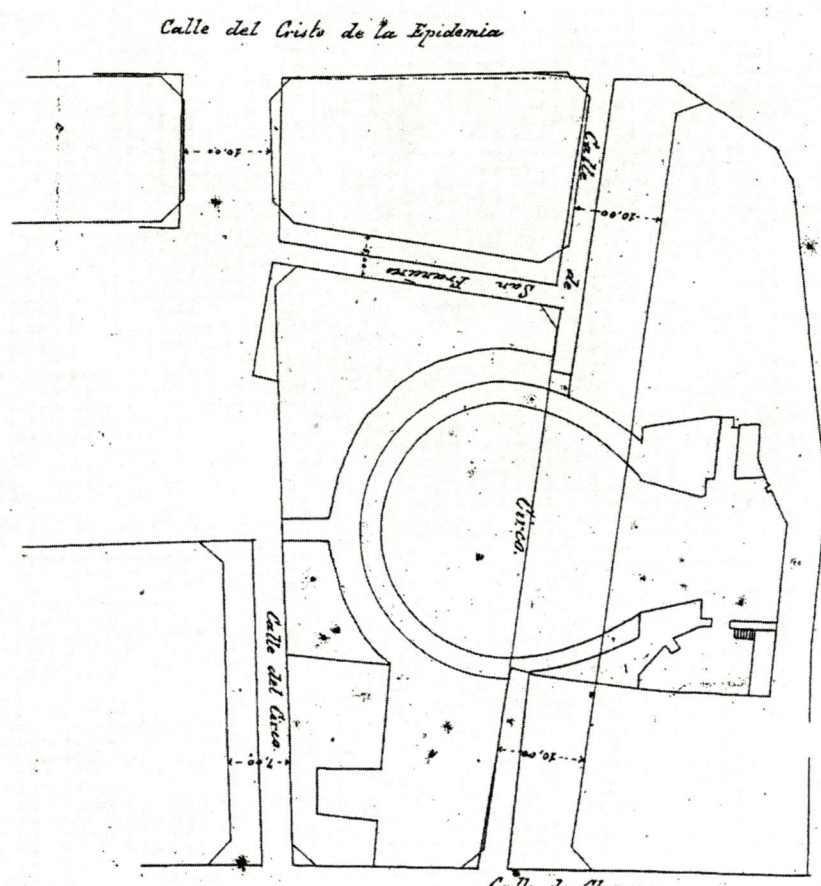

Plano de situación del Circo de la Victoria en la actual Plaza de Puerto Parejo, entre las calles Cristo de la Epidemia y Chaves. A.M.M. Legajo 1250/85. Isla de Arriarán – 343.

De los reconocimientos de novillos y caballos, no aparecen datos por ninguna parte, ni en la prensa de la época. Sería por la poca edad del ganado, el extrarradio donde estaba ubicado el circo, o que las autoridades no le darían categoría de formal a estos espectáculos (se lidiaron muchos becerros y toretes, casi siempre de 2 o 3 años, pero en ocasiones los novillos eran de 4 años, y con empuje).

A pesar de la poca importancia que, al parecer, daban las autoridades a los eventos taurinos en el Circo de la Victoria, y el olvido que históricamente ha representado para nuestra ciudad, este modesto teatro-circo, creo ha cubierto con dignidad, dentro de sus limitaciones, los doce años transcurridos entre la desaparición de la plaza de toros de Álvarez en 1864, y la inauguración de la Malagueta en el año 1876.

Debido a su estado ruinoso, se autoriza su demolición en el año 1881, previo informe del arquitecto D. Joaquín Rucoba.

Era según doña María Pepa Lara en un artículo publicado en el periódico "La Opinión" citando una guía de 1866 "un espacioso redondel de tierra con algunos bancos por lunetas, y alrededor de una galería de dos pisos con gradas y algunos malos palcos... El escenario es mayor que el del Teatro Principal"

A pesar de la escasa importancia del edificio del Circo de la Victoria, éste acogió en las representaciones taurinas (novilladas, nunca corridas de toros formales) a toreros como Rafael Molina "Lagartijo" (en sus comienzos de novillero), Manuel Domínguez, Antonio Carmona "El Gordito", que llegó a poner banderillas en silla (una de sus especialidades), Manuel Fuentes "Bocanegra", Vicente Méndez "El Pescadero" y Antonio Ortega "El Marinero", entre otros.

En las numerosas representaciones teatrales y circenses, destacan el célebre circo Price de Madrid (en sus comienzos) y numerosas compañías nacionales e internacionales, con ejercicios ecuestres y gimnásticos de todo tipo, que el amable lector podrá ir descubriendo más adelante.

En aquel tiempo, los jóvenes de la aristocracia malagueña aficionados a la tauromaquia, se agrupaban en sociedades como "La Primitiva", "La Verdad", "La Pamplina", "La Perchelera", "La Imparcial", "La Victoriana", "La Malagueña", "La Juventud", actuando los más destacados en estos espectáculos taurinos, muchos celebrados en el Circo de la Victoria.

EFEMÉRIDES

AÑO 1858

21 DE NOVIEMBRE DE 1858

La Unión de Málaga, del 21 de noviembre de 1927, en su sección "Tal día como hoy" comenta:

En el Circo de la Victoria se verificó un combate de fieras de la colección de Mr. Andrés Arrat o Servet procedente de Sevilla. Acudió bastante público, sobresaliendo la lucha del oso con los perros.

AÑO 1864

15 DE MAYO DE 1864

El primer espectáculo que encuentro en este año lo proporciona "El Avisador Malagueño", de la fecha indicada:

CIRCO DE LA VICTORIA

Hoy domingo y mañana lunes, a las cuatro y media de la tarde, tendrán lugar dos grandes funciones de gimnasia y ejercicios ecuestres, por la Compañía española bajo la dirección de D. Juan Álvarez, cuyo pormenor se anuncia por papeletas.

14 DE AGOSTO DE 1864

"El Avisador Malagueño", de esta fecha anunciaba:

Teatro Circo de la Victoria
Función para hoy domingo a las cuatro de la tarde.
Sinfonía.
La graciosa tonadilla
LA SOLITARIA
El gran baile por diez personas
EL RUMBO MACARENO
El juguete lírico
PACO – MANDRIA Y SACABUCHE
Boleras de La Sandunga Sevillana
La canción andaluza
LAS MALAGUEÑAS
El ole con ole.
La graciosa tonadilla

LA VUELTA DEL SOLDADO
Entrada real y medio
El lunes tendrá lugar otra gran función.

25 DE SEPTIEMBRE DE 1864

De "El Avisador Malagueño", de esta fecha, es el siguiente anuncio:
Plaza de Toros
de Puerto Parejo denominado
CIRCO DE LA VICTORIA

Extraordinaria y sorprendente CORRIDA DE NOVILLOS DE MUERTE para la tarde del domingo 25 del corriente, a las tres y media, si el tiempo no lo impide.

Mandará y presidirá la plaza la autoridad competente.

Los seis novillos que se han de lidiar son de una acreditada ganadería.

PRECIOS: Palcos dobles, 60 reales. - Id sencillos, 40.- Sillas, 4 –Valla, 4 - Entrada de sombra, 6 – Id de sol, 4 – Butaca de escenario, 6.

El programa dará más pormenores de la corrida.

Los señores que gusten tomar localidades podrán hacerlo desde el jueves en adelante a todas horas, en la calle de Granada, nº 85 y 87.

Unos breves comentarios de este espectáculo, publicaba "El Avisador Malagueño", del 27 de septiembre de 1864:

Aunque no hemos asistido a la corrida de novillos dada en el Circo de la Victoria en la tarde del domingo, hemos oído decir que estuvo bastante desgraciada, pues los bichos apenas dieron juego; la entrada parece fue regular, y se aplaudió a la cuadrilla, y con especialidad al espada Busiqui.

Antigua Calle Puerto Parejo, donde estuvo ubicado parte del Circo de la Victoria

23 DE OCTUBRE DE 1864

"El Avisador Malagueño", del 22 de octubre, anunciaba este espectáculo, y esto es lo que publicaba en sus columnas:

NOVILLOS. Mañana domingo a la una y media de la tarde, ejecutará la Sociedad Tauromáquica establecida en el Circo de la Victoria, otra de sus animadas corridas, en la cual se lidiarán siete novillos, todos de tres años y de una acreditada ganadería de Zahara. La muerte de cuatro de ellos estará a cargo de los entendidos y valientes

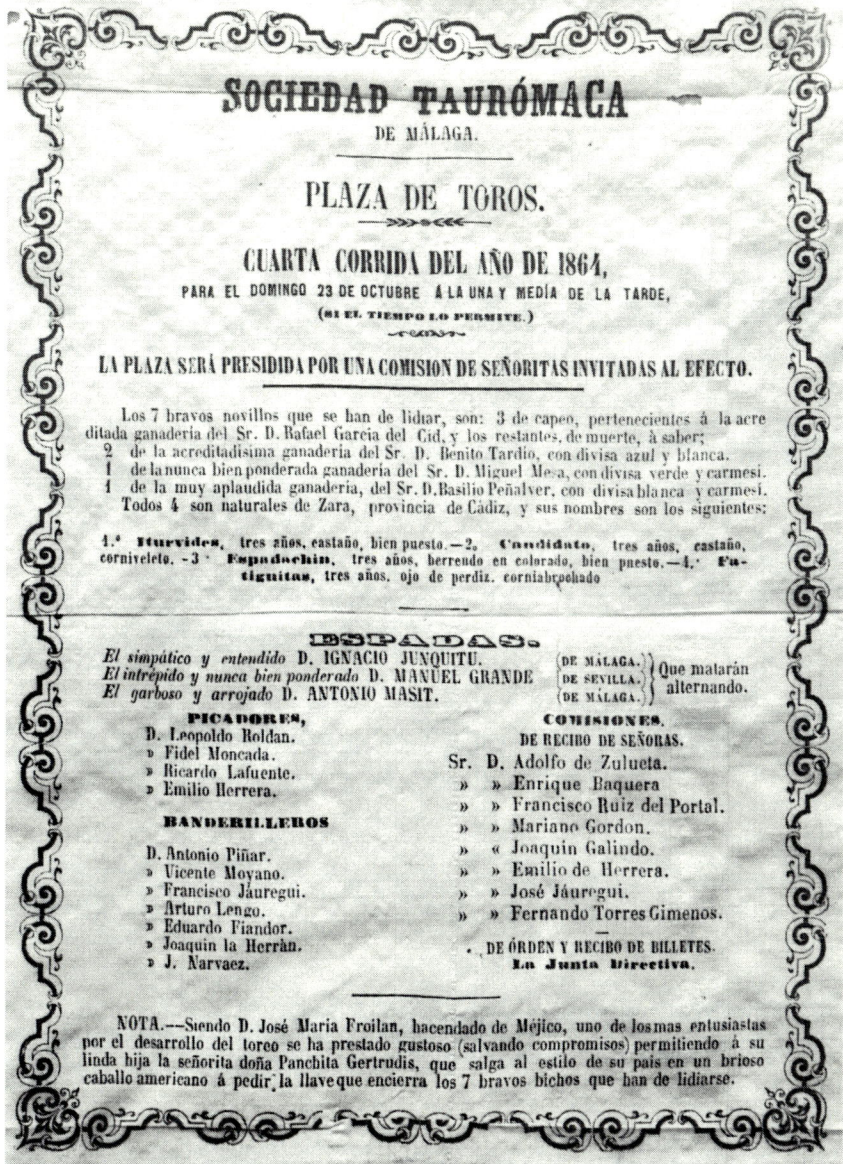

Cartel del 23 de octubre de 1864

aficionados D. Ignacio Junquitu, D. Manuel Grande y D. Antonio Masit; a los que acompañan otros jóvenes no menos aficionados y ya muy aplaudidos en las anteriores corridas. Ocupará la presidencia una comisión de distinguidas señoritas, cuya presencia no dudamos contribuirá poderosamente al mayor lucimiento del espectáculo, en el cual tocará diferentes piezas la banda de música del regimiento del Rey.

Esta novillada se suspende por la lluvia, y se celebra el 30 de octubre de 1864, y estas son las breves noticias de "El Avisador Malagueño", de 1 de noviembre de 1864:

CORRIDA.- Con una distinguida y animada concurrencia tuvo lugar el domingo la de novillos anunciada por la Sociedad Tauromáquica Malagueña. Hemos oído alabar la destreza y el arrojo de los Sres. Junquitu, Grande y Massip, encargados de matar los novillos; como igualmente las buenas disposiciones de los demás jóvenes que tomaron parte en la lidia y que, como los espadas, fueron muy aplaudidos.

8 DE DICIEMBRE DE 1864

A beneficio de las inundaciones de Valencia, la Sociedad Taurómaca Malagueña dio una becerrada en el Circo de la Victoria, siendo muy aplaudidos los espadas don Ignacio Junquitu y don Antonio Masip, que alternaron con el novillero Rafael Molina "Lagartijo"

Efemérides malagueñas, de don José Luís Estrada Segalerva

Y esta son las breves noticias que localizo en "El Avisador Malagueño", del 10 de diciembre de 1864:

La corrida de toros de muerte dada anteayer al medio día por la Sociedad Taurómaca a beneficio de las inundaciones de la provincia de Valencia, fue brillante. La concurrencia numerosa y compuesta de mucha parte de lo mejor de la sociedad malagueña.

Los bichos dieron juego, y la lucida cuadrilla de jóvenes aficionados que se presentó en el ruedo, dio una prueba más de que el continuo ejercicio y la costumbre hacen maestros. El resultado debe haber correspondido a los filantrópicos deseos de la sociedad tauromáquica. Reciba por ello nuestro parabién, y recíbanlo cuantos han tomado una parte activa en el buen éxito de este pensamiento.

AÑO 1865

5 DE FEBRERO DE 1865

En el periódico "El Popular", de 5 de febrero de 1932 en su apartado "Curiosidades malagueñas del pasado", nos comenta:

La Sociedad Taurómaca de Málaga celebró una corrida de novillos en el Circo de la Victoria. El ganado era de los señores Salas, Peñalver, Tardío y Mesa.

La reseña de este espectáculo aparece en "El Avisador Malagueño", del 7 de febrero de 1865:

La corrida de toretes que se verificó en la tarde del domingo en el Circo de la Victoria por la sociedad taurómáquica, estuvo bastante divertida, dando juego los bichos particularmente el primero que tomó un sinnúmero de varas, creciéndose al castigo.

Los socios que componen la cuadrilla cumplieron como buenos. Por lo demás celebraremos que todos los que concurrieron al Circo, se hallen a estas horas en el más completo estado de salud, lo que deseamos; pues el Circo estaba muy a propósito para coger cosecha de catarros y de pulmonías.

Cabecera del primer ejemplar de "El Popular".- 1 de julio de 1903

16 DE ABRIL DE 1865

"El Avisador Malagueño", del día mencionado, nos trae el anuncio de una novillada:

La Sociedad Taurómaca de Málaga, dará en el Circo de la Victoria en la tarde de hoy domingo y a las tres y media en punto, una corrida de toretes.

La plaza será presidida por una comisión de señoritas.

Se jugarán seis bravos toretes de una acreditada ganadería, los dos primeros de capeo y cuatro de muerte, cuyos nombres y reseñas son las siguientes:

1º - "Caramelo", castaño lombardo, corniveleto, cuatro años.

2º - "Naranjito", retinto, ojo de perdiz, bien puesto, cuatro años.

3º - "Baratero", berrendo albardado, corniabrochado, bizco del izquierdo, tres años.

4º - "Enamorado", negro, zaino, gacho, tres años.

5º - "Viborito", ensabanado, corniavacado, tres años.

6º - "Mata-gente", cárdeno, sillero, bien puesto, tres años.

Los que serán lidiados por los espadas D. Ignacio Junquitu, D. Manuel Grande y D. Antonio Masit, a cuyo cargo estará una lucida cuadrilla de picadores y banderilleros.

NOTA.- La junta directiva recomienda a los señores socios la observancia del art. 42, tit. 6º del reglamento.

También la anunciaba "El Avisador Malagueño", del 13 de abril de 1865:

PLAZA DEL CIRCO DE LA VICTORIA

Con el correspondiente permiso de la autoridad, se verificará en la tarde del domingo 16 de abril de 1865, a las tres y media en punto (si el tiempo lo permite) UNA FAMOSA CORRIDA DE SEIS NOVILLOS DE MUERTE.

Mandará y presidirá la plaza la autoridad competente.

Los seis novillos que se han de lidiar son de dos acreditadas ganaderías pertenecientes a D. Braulio Peñalver, de Zahara, provincia de Cádiz, y los de D. Alejandro Aguado, de Fuengirola; los dos del primero con divisa carmesí, verde y blanca, y los del segundo con divisa celeste y blanca.

PRECIOS: Palcos de la derecha, 50 reales – Id. de la izquierda, 40 – Sillas, 8 – Vallas, 6 – Asientos de terradillo-7 Entrada general,7.

Los despachos de billetes estarán situados uno en la Plaza de la Constitución y el otro en Puerta Nueva, y el día de la corrida en la Plaza de la Victoria: las localidades se expenderán con tres días de anticipación. No habrá medias entradas, y sí con una podrán entrar dos niños hasta la edad de doce años y dos soldados.

Los seis novillos lucirán vistosas moñas que al efecto se hallarán expuestas al público.

Pero esta novillada se suspende, como vemos por la nota publicada por "El Avisador Malagueño", del 18 de abril de 1865:

A causa del mal tiempo se suspendió la corrida de novillos de muerte, que estaba anunciada para el domingo.

29 DE ABRIL DE 1865

Se anuncia una corrida de novillos que nos trae el magnífico periódico de esta época "El Avisador Malagueño":

Si el tiempo no se opone, la Sociedad Taurómaca celebrará una corrida de novillos, algunos de ellos de muerte, en la tarde del domingo. La plaza será presidida por una comisión de señoritas. He aquí el programa:

Se lidiarán seis novillos de dos acreditadas ganaderías, dos de capeo y cuatro de muerte, cuyos nombres y reseñas son las siguientes:

1º "Terciopelo", negro listón, 3 años

2º "Jaquetón", retinto, 3 años

3º "Clavelino", berrendo, 3 años

4º "Vinagre", alburdado, 3 años

5º "Calcetero", retinto, 4 años

Plaza de la Constitución

6º "Caldero", retinto, 4 años.

Los que serán jugados por varios Sres. Socios cuyo arrojo es bien conocido de la sociedad.

La llave del chiquero será pedida por un Sr. socio.

La Junta directiva ha determinado que la entrada sea por billetes personales que recibirán los Sres. Socios a domicilio, pero si alguno dejara de recibirlo por una causa extraña, se servirán reclamarlo a la Junta Directiva, pues a nadie le será permitida la entrada sin presentación del billete.

Y estos eran los comentarios relacionados con esta novillada, que publicaba "El Avisador Malagueño", del 3 de mayo de 1865:

Parece que el domingo después de la corrida de toretes que hubo en el Circo de la Victoria, y cuando era de día y estaban llenos de gente los paseos de Olletas y Capuchinos, sacaron de la plaza los bichos que se habían lidiados y los cabestros, dirigiéndose por los paseos expresados, y originando los sustos y confusión consiguientes.

También se nos dice, que por la Alcaldía se han dictado las disposiciones convenientes a que no se repita semejante falta.

11 DE JUNIO DE 1865

Una función taurina, con detallada programación aparece en "El Avisador Malagueño", de la mencionada fecha, que transcribo:

PLAZA DE TOROS DEL CIRCO DE LA VICTORIA

Primera corrida

Con superior permiso y si el tiempo lo permite, se verificará una magnífica corrida de NOVILLOS DE MUERTE, de cuatro años, el día 11 de junio de 1865.

La plaza será presidida por la Autoridad competente.

La empresa, al proponerse a dar esta corrida extraordinaria, no ha querido omitir sacrificio alguno para llenar cumplidamente el deseo de los más exigentes aficionados; a cuyo efecto ha logrado contratar al simpático FRANCISCO DÍAZ (a) Paco de Oro, con su correspondiente cuadrilla compuesta de los diestros más afamados en el arte taurómaco; acompañándole el espada JOSÉ DÍAZ.

ORDEN DE LA FUNCIÓN

Se lidiarán el día 11, seis bravos novillos de la antigua y acreditada ganadería de la

SEÑORA VIUDA DE VARELA,

Hoy de D. Gerónimo Martínez, su esposo, con divisa encarnada y amarilla.

NOMBRES y reseña de los NOVILLOS que han de lidiarse en la CORRIDA del 11 de junio:

1° BARATERO, chorreado, perruno, bien encornado.

2° GORRINITO, negro bragado, bien encornado.

3° ESCUDERO, negro bien encornado.

4° HERRADOR, negro bragado.

Vista del Castillo de Gibralfaro tomada en la Plaza de la Victoria
(Archivo Díaz de Escovar)

5° CIRUJANO, negro.

6° JOCINERO, hosco arromerado.

No podrán pedirse más caballos en la corrida, que ocho que son los que ha podido adquirir la empresa para este efecto.

ESPADAS... FRANCISCO DÍAZ (a) Paco de Oro, JOSÉ DÍAZ, ambos de Cádiz.

PICADORES...Antonio Muñoz (a) Troni; José Delgado, ambos de Cádiz

BANDERILLEROS....José Amiana (a) Hillo; Sebastián Villegas; Ramón Díaz (a) El Carrero; Gaspar Díaz (a) Labi.

CACHETERO...José Vara, todos de Cádiz.

PRECIOS: Valla, 8 reales – Palcos, 80 – Idem dobles, 120 – Sillas, 8 – Idem segunda fila, 6 – Escenario, preferencia, 40 – Entrada general, 8 reales.

Despacho de las localidades, Plaza de la Constitución.

La plaza se abrirá a las dos y la corrida dará principio a las cuatro y media.

Los toros se podrán ver en Camino de Antequera, en tierras nombradas de Gamarra, muy próximo a esta ciudad.

Nota.- De esta función no encuentro noticias de su verificación en la prensa consultada. ¿Se suspendería y sería la que encuentro anunciada el día 14?

Biografía de Francisco Díaz (a) Paco de oro.

Extraemos esta biografía de "Los toros", tomo III, pág.233, de Don José María de Cossío.

DIAZ (Francisco), **Paco de oro.** *Matador de toros, nacido en Cádiz el 15 de febrero de 1840. Empezó toreando novilladas en Andalucía con bastante aceptación. Le favorecían su gallarda figura y espléndidas facultades. El 8 de septiembre de 1872 le fue conferida la alternativa en Madrid por Cayetano Sanz, quien le cedió el toro Manguito, negro mulato, de Veragua y bravísimo. Por los años 1875 y 1879 toreó con frecuencia en Madrid, sin lograr hacerse un cartel ni como matador ni como torero. En 1889 se retiró del toreo. Residió en Madrid, donde murió a fines de marzo de 1910.*

14 DE JUNIO DE 1865

"El Avisador Malagueño", de este día, nos dice:

Los festejos con motivo de la festividad del Santísimo Corpus Cristi.

En esta misma tarde, corrida de novillos de muerte en el Circo de la Victoria, de cuatro años, y de ganaderías conocidas.

Y estos son los comentarios de esta novillada, que inserta en sus columnas "El Avisador Malagueño", del 15 de junio de 1865:

Ayer tarde se verificó con bastante concurrencia la corrida de novillos que estaba anunciada en el Circo de la Victoria. El primer bicho arroyó a los tres picadores que estaban en plaza, teniendo la desgracia uno de ellos, que nos dicen es aficionado y salía de sobresaliente, de sufrir una herida de alguna gravedad en la cabeza y dos fuertes contusiones, una en un brazo y otra en el costado izquierdo, quedando insultado del golpe, y teniendo que ser conducido al hospital, donde fue encamado.

Otro de los picadores, aunque sufrió en la caída algún daño en la cara, volvió a montar a caballo y siguió trabajando. Hasta la hora en que escribo estas líneas no sabemos de ningún otro accidente acaecido en la corrida, que merezca mención.

18 DE JUNIO DE 1865

En "El Avisador Malagueño" de esta fecha aparece anunciada otra novillada:

Plaza de toros del Circo de la Victoria
ÚLTIMA CORRIDA

Con superior permiso y si el tiempo lo permite, se verificará una magnífica corrida de NOVILLOS DE MUERTE, de cuatro años, hoy domingo 18 de junio, a las cuatro en punto de la tarde, para concluir a la hora de principiar la regata.

La plaza será presidida por la autoridad competente.

La empresa al proponerse a dar esta última corrida extraordinaria, no ha querido emitir sacrificio alguno para llenar completamente el deseo de los más exigentes aficionados; a cuyo efecto ha logrado contratar al simpático FRANCISCO DÍAZ (a) Paco de Oro, con su correspondiente cuadrilla compuesta de los diestros más afamados en el arte taurómaco; acompañándole el espada José Díaz.

ORDEN DE LA FUNCIÓN

Se lidiarán seis bravos novillos de la acreditada ganadería que tanto ha gustado en esta capital.

NOMBRE y reseña de los NOVILLOS que se han de lidiar.

1º CHAPARRO, bien puesto, 4 años.

2º PEREGRINO, cornialto, 4 años.

3º CANDILEJO, corniabrochado, 4 años.

4º CACHETERO, corniplayero y de sentido, 4 años.

5º FUGOCITO, ojo de perdiz, bien armado, 4 años.

6º FAVORITO, bien armado, 4 años.

ESPADAS – FRANCISCO DÍAZ (a) Paco de Oro y JOSÉ DÍAZ, ambos de Cádiz

PICADORES – Antonio Muñoz (a) Troni y José Delgado, ambos de Cádiz.

BANDERILLEROS – José Amiana (a) Hillo; Sebastián Villegas, Ramón Díaz (a) El Carrero y Gaspar Díaz (a) Labi.

CACHETERO – José Vara, todos de Cádiz.

PRECIOS: Valla, 10 reales – Palcos, 80 – Idem dobles, 120 – Sillas 1ª fila, 10 – Idem segunda fila, 8 – Escenario, preferencia, 42 – Entrada general, 10 reales.

Los despachos de las localidades y billetes, en los sitios de costumbre.

La plaza se abrirá a la una en punto.

Y los breves comentarios de esta novillada, pertenecen a "El Avisador Malagueño", del martes 20 de junio de 1865:

La corrida de novillos de muerte dada en la tarde del domingo fue bastante mala, pues los bichitos en su mayor parte eran corderos, a los que fue menester aplicar varios pares de banderillas de fuego.

Uno de ellos fue muerto con la puntilla, porque el espada Paco de Oro pidió permiso para ello alegando le daba vergüenza tomar la espada para tal bicho.

El púbico estuvo todo lo sensato e indulgente posible, pues no hay que perder de vista que el precio de las entradas era de 10 reales.

Por lo demás, mal negocio debe haber hecho el empresario pues la entrada no fue ni de una mitad siquiera.

---

7 DE SEPTIEMBRE DE 1865

"El Avisador Malagueño", de este día, anunciaba una novillada para el día siguiente:

La Junta directiva de la distinguida Sociedad Taurómaca ha acordado celebrar en la tarde de mañana una de sus brillantes corridas. Se lidiarán seis novillos de la acreditada ganadería de D. Pedro Fernández, de Monda, con divisa azul y blanca; los cuáles serán muertos por los inteligentes y simpáticos espadas D. Manuel Grande y D. Antonio Masit, acompañados de su joven y aplaudida cuadrilla.

El espectáculo empezará a las cuatro de la tarde, siendo presidido por una comisión de señoritas invitadas al efecto; habiéndose hecho además un numeroso y escogido convite.

De este espectáculo recojo los breves comentarios del "Avisador Malagueño", del 10 de septiembre de 1865:

El viernes en la tarde efectuó la Sociedad Taurómaca la corrida de novillos que tenía anunciada. La concurrencia fue bastante escogida y como siempre sucede aplaudió mucho a los Sres. Grande y Masit, a cuyo cargo estaba la muerte de los novillos.

También se distinguieron los demás jóvenes que componen el resto de la cuadrilla, los cuales con su decidida afición y buenas disposiciones adelantan notablemente en el peligroso arte a que se dedican en sus ratos de ocio.

La plaza fue presidida por una comisión de señoritas, que obsequiaba a los lidiadores, en las más difíciles suertes, arrojándole cartuchos de dulces.

Vista de La Alameda y Fuente de Génova
(Archivo Díaz de Escovar)

8 DE SEPTIEMBRE DE 1865

El anuncio de una lucha de fieras, aparecía en "El Avisador Malagueño", de la fecha indicada:

CIRCO DE LA VICTORIA

Gran lucha de fieras para el domingo 10 de septiembre de 1865.

El director de dicha colección de fieras y animales sabios que acaba de llegar de Sevilla, dará su primera función el domingo 10 a las cuatro de la tarde. El programa y carteles dará más pormenores de la función.

No he localizado noticias de su verificación en la prensa consultada, pero aparece nuevamente anunciada en "El Avisador Malagueño", del 16 de septiembre de 1865:

CIRCO DE LA VICTORIA

Variada función de LUCHA DE FIERAS para el domingo 17 del corriente, si el tiempo lo permite, cuyo pormenor se anuncia por papeletas.

Tampoco aparecen referencias, de este evento, en el periódico de los días posteriores.

26 DE NOVIEMBRE DE 1865

"El Avisador Malagueño" de esta fecha, incluía un anuncio muy completo del espectáculo taurino que se habría de celebrar este domingo 26, con la descripción del nombre, pelo y edad de las reses a lidiar:

Sociedad Taurómaca de Málaga

CIRCO DE LA VICTORIA

Corrida extraordinaria para hoy domingo 26 del corriente, a la una en punto de la tarde (si el tiempo no lo impide) en la que tomarán parte D. Ángel Losada, hijo del Sr. Conde de Gavia y varios amigos suyos, de Córdoba, en unión de los aficionados de dicha Sociedad.

La plaza será presidida por una comisión de señoritas invitadas al efecto.

Se lidiarán seis bravos novillos de la acreditada ganadería de D. Pedro Moreno, de Arcos de la Frontera, los que lucirán lujosas moñas, regaladas por señoritas presidentas.

RESEÑA

1° - Afligido, retinto, bragado, 2 años.

2° - Naranguelo, cárdeno, bien puesto, 3 años.

3° - Mariposo, retinto, ojinegro, corniabierto, 3 años.

4° - Cochinito, negro, bien puesto, 3 años.

5° - Noguero, retinto, ojinegro, cornicorto, bien puesto, 3 años.

6° Floreo, negro bragado, 2 años.

SEÑORES AFICIONADOS QUE FORMAN LA CUADRILLA

Espadas.- D. Ángel Losada, D. Ignacio González Junquitu, D. Manuel Grande, D. Antonio Masit.

Picadores.- D. Antonio Morón, D. Francisco Jáuregui, D. Joaquín Rivero, D. José de Torres.

Banderilleros – D. Francisco Sánchez, D. Francisco Gadeo, D. Vicente Moyano, D. Antonio Jimena.

Puntillero.- D. Federico Gadeo.

COMISIONES

De recibo de señoras.- D. Vicente Vaquero, D. José Denis, D. Francisco Brotons, D. Francisco Portal, D. Casimiro Franquelo, D. Florentino Hurtado, D. Mariano Gordón, D. Manuel Gordón. De orden. La Junta Directiva.

La plaza será servida por señores socios y pedirá la llave D. Francisco Murciano.

NOTA.- Los individuos que sean socios en la actualidad, podrán tomar acciones de entrada solamente, porque las de palcos y sillas se han concluido. Además, está prepara una ochava de galería baja para señoras.

El encargado se encontrará en la Plaza de la Constitución, peluquería de D. Juan Sancho, desde las nueve a las dos de la tarde y desde las cuatro a las seis, y en el Circo de la Victoria en día de la corrida.

Esta novillada se suspende según compruebo en "El Avisador Malagueño", del 28 de noviembre de 1865:

Por causa del mal tiempo no pudo ejecutar la Sociedad Taurómaca la función que tenía anunciada, debiendo celebrarse el próximo domingo.

En la prensa posterior consultada, no aparecen noticias de este evento.

AÑO 1866

DÍA 11 DE FEBRERO DE 1866

La Unión Mercantil, del 11 de febrero de 1930 – Tal día como hoy.

Se exhibió en el Circo de la Victoria el famoso elefante "Pizarro". Después hubo baile de máscaras.

No llegó a efectuarse este espectáculo, hasta el 11 de marzo, como veremos más adelante.

También aparece anunciado en "El Avisador Malagueño", del 11 de febrero de 1866:

CIRCO DE LA VICTORIA

Con permiso de la autoridad y si el tiempo lo permite, gran función de

El Elefante Pizarro en el Parque del antiguo Buen Retiro
(Grabado: La Ilustración Española y Americana, 1873)

ELEFANTE PIZARRO
Y BAILE DE MÁSCARAS
Para hoy domingo 11 de febrero
Las puertas se abrirán a las doce, empezando el baile a la una y los trabajos del elefante a las cuatro y media.
PRECIOS.- Palcos, 10 reales – Sillas, 2 . Entrada general, 3 – Media real y medio.

13 DE FEBRERO DE 1866

Se anuncia en "El Avisador Malagueño", de la fecha citada, una función en el Circo de la Victoria:

CIRCO DE LA VICTORIA
Con permiso de la autoridad y si el tiempo lo permite, gran función de

Elefante "Pizarro" y baile de máscaras
CON BAJADA DE PRECIOS
PARA HOY MARTES 13 DE FEBRERO
Las puertas se abrirán a las dos, empezando el baile a las dos, y los trabajos del elefante a las cinco.
PRECIOS: Palcos, 8 reales – Sillas, 4 – Entrada general, 2 – Media, 1.
Las localidades se venderán desde las diez a las doce de la mañana en la Plaza de la Constitución.

15 DE FEBRERO DE 1866

"El Avisador Malagueño", de la fecha citada, comentaba:

Parece que al fin se va a verificar una gran lucha del elefante "Pizarro" con toros.

18 DE FEBRERO DE 1866

Entretanto, se celebraba la lucha del elefante, éste se exhibía en la Alameda, como se puede comprobar por el siguiente anuncio de "El Avisador Malagueño", de la fecha citada:

Gran exhibición del
ELEFANTE PIZARRO

Para mayor comodidad del público estará de manifiesto en la Alameda, fonda de Oriente.

Entrada general, 1 real.

Este anuncio se repite algunos días.

25 DE FEBRERO DE 1866

Estas breves noticias, corresponden a "El Avisador Malagueño", de este día:

Parece que el próximo domingo se verificará la lucha del elefante PIZARRO, con uno o más toros, pues, al efecto, nos dicen han salido a buscar los bichos que han de tomar parte en la expresada lucha.

2 DE MARZO DE 1866

La tan traída y llevada función del elefante, se anuncia nuevamente en "El Avisador Malagueño", de este día:

El día 4 de marzo, se ejecutará con superior permiso (si el tiempo lo permite) una gran lucha del ELEFANTE PIZARRO con DOS TOROS, de cinco años, de la ganadería de D. Juan de Moya, vecino de Sevilla.

Dará principio a las cuatro en punto, y se abrirán las puertas a las dos.

Se despachan las localidades y entradas desde el jueves 1º de marzo hasta el domingo a las doce en la Alameda, donde está el elefante.

11 DE MARZO DE 1866

Por fin se da en esta fecha la lucha del elefante Pizarro, según la narración sucinta de "El Avisador Malagueño", del 13 de marzo de 1866:

A pesar de que el tiempo no convidaba mucho, se llenó el Circo de la Victoria en la tarde del domingo, para presenciar la lucha del elefante Pizarro con unos toros, según estaba anunciado.

El resultado de ella era de esperar; que no hubo lucha, ni cosa que lo pareciera. Unos amagos de embestida por parte de los toros, y otros de soberano desprecio de parte de Pizarrito, hacia los que debía considerar inocentes gosquicillos comparados con su monstruosa bestialidad, fue todo lo que hubo, ni más ni menos que lo sucedido en otras partes.

18 DE MARZO DE 1866

Una novillada anunciada para este día, incluía en su sección de espectáculos "El Avisador Malagueño":

CIRCO DE LA VICTORIA

Con superior permiso y si el tiempo no lo impide, se verificará una *CORRIDA DE SEIS NOVILLOS DE MUERTE*, en la tarde del domingo 18, cuyos pormenores se anuncia por papeletas.

PRECIOS.- Palcos, 40 reales – Sillas, 4 – Vallas, 4 – Terradillos, 6 – Entrada general, 5 – Niños y soldados, 2 y medio.

La plaza se abrirá a las doce y la función dará principio a las tres en punto.

Esta novillada se suspende por el mal tiempo, y se anuncia el 1 de abril de 1866.

1 DE ABRIL DE 1866

Y nuestro inseparable "El Avisador Malagueño, nos da el anuncio correspondiente.

CIRCO DE LA VICTORIA

En la tarde del domingo 1° de abril, si el tiempo no lo impide, se verificará la *CORRIDA DE SEIS NOVILLOS DE MUERTE*, que no pudo tener efecto por causa del tiempo, y cuyos pormenores se anuncia en los programas.

PRECIOS.- Palcos, 40 reales – Sillas, 4 – Vallas, 4 – Terradillo, 6 – Entrada general, 6 – Niños y soldados, 3.

Se plaza se abrirá a las doce y la función dará principio a las tres en punto.

El lunes 2 de abril, se repetirá la lucha del *ELEFANTE CON DOS TOROS A LA VEZ*, cosa que en ninguna parte se echa y no sabemos el resultado que dará.

Entrada general, 6 reales – Niños, 4 – Palcos, 50 – Sillas de primera fila, 4 – id de segunda, 3 – Asiento en el escenario, 4 – Sillas en id, 6.

NOTA.- Luchará con tres toros; el primero saldrá sólo, los dos restantes a la vez, cinco minutos después del otro.

Se dará principio a la función a las cuatro y media. El ganado es igual al anterior. El que sale sólo es de D. José Linares.

3 DE ABRIL DE 1866

"El Avisador Malagueño", nos informa muy brevemente, de la novillada celebrada el 1º de abril de 1866:

La corrida de novillos verificada en el Circo de la Victoria no tuvo nada que celebrar. Los bichos eran de condición tan pacífica que ni las banderillas de fuego los sacaban de su paso. La concurrencia tampoco fue mucha.

8 DE ABRIL DE 1866

"El Avisador Malagueño", publica el anuncio de la última función de la lucha del elefante y los toros:

CIRCO DE LA VICTORIA

Última función de doble lucha por tres toros, dos de cinco años y el otro de cuatro.

Para hoy domingo 8 de abril de 1866, si el tiempo lo permite. La plaza se abrirá a las dos y la función empezará a las cuatro y media.

Se advierte que los dos primeros toros son hermanos de los de la lucha anterior, ganadería de D. Juan de Moya, vecino de Sevilla, y el tercero de D. José Linares, éste último viene para rivalizar con los dos anteriores.

PRECIOS.- Palcos, 50 reales – Asiento de escenario, 4 – Sillas, 4 – Entrada general, 5 – Niños y soldados, media entrada.

Vista de la ciudad y Puerto de Málaga desde la Torre del Faro
(Archivo Díaz de Escovar)

9 DE ABRIL DE 1866

"La Unión Mercantil", del 8 de abril de 1928 – Hace treinta años, nos dice:

En el Circo de la Victoria, se verificó la lucha entre el elefante "Pizarro" y tres toros. Dos de estos eran de la ganadería de don Juan Moya y otro de don José Linares. Todos ellos fueron vencidos, aunque el elefante resultó con una herida que le causó el último toro.

Una reseña más extensa nos facilita "El Avisador Malagueño", del 10 de abril de 1866:

En la tarde del domingo tuvo lugar la anunciada lucha del elefante "Pizarrito" con los toros. Los dos primeros de la ganadería de Moya y el tercero de la de Linares. El primero de los toros fue bastante flojo y apenas hizo ademán de querer acometer a su corpulento adversario; el segundo era de más empuje y aunque arrollado y tumbado la primera vez que embistió al elefante, intentó embestirle algunas otras veces, aunque temiendo ante las formidables defensas de su enemigo.

Retirado los dos primeros toros salió el tercero que era de muerte; éste, aunque retraído al principio acometió después varias veces y algunas de ellas se metió hasta debajo de la cabeza del elefante, hiriéndole ligeramente en la trompa, pero éste con su facilidad acostumbrada lo botó fuera con sus colmillos.

Nos dicen que concluida la función bajó mucha gente a la plaza, a pesar de las prevenciones que hacían los domadores y de los esfuerzos de los agentes de la autoridad para evitarlo, estando en poco que sucedieran desgracias, pues el elefante irritado ya con la lucha anterior, dio de pronto una embestida a un punto en donde había aglomerada más gente, la que aun cuando huyó con precipitación, hubiera tenido que sentir, si lo largo de la cadena le hubiera permitido al animal el alcanzarla. Menester es por tanto que haya la mayor precaución en espectáculos de esta clase y con un animal de tan colosal fuerza.

14 DE ABRIL DE 1866

Y el elefante Pizarro seguía haciendo de las suyas, según nos comenta "El Avisador Malagueño" en su tirada de la fecha indicada:

Parece que el señorito Pizarro, el joven de los colmillos, que ha estado exhibiendo su graciosa habilidad durante varias semanas, ya en el almacén de la Alameda, ya en el Circo de la Victoria, se ha marchado de esta ciudad, sin decir agur siquiera, subido en una plataforma, en un tren de mercancías, y convenientemente sujeto a ella con varias cuerdas y cadenas, para impedir que haga alguna barbaridad.

Cuéntase que antes de llegar a la estación tuvo a bien hacer con el colmillo una caricia a una casilla de madera que encontró al paso, y que la dejó como nueva; lo cual ha motivado alguna reclamación por daños y perjuicios – Vaya en buena hora Pizarrito. Suponemos que irá a divertir y divertirse a la feria de Sevilla.

---

15 DE ABRIL DE 1866

Y así terminan las "hazañas" de "Pizarrito", contadas por "El Avisador Malagueño", de este día:

Ochocientos ó mil reales ha tenido que satisfacer el dueño de Pizarrito, como indemnización de los daños causados por el capricho del animalito que, al ser conducido al ferrocarril, derribó según dijimos ayer, una casilla de madera que servía de cantina, y más de esto se engulló a manera de convite algunos seretes de higos que excitaron su glotonería por hallarse al alcance de su trompa.

Veremos si durante la marcha ha hecho alguna otra barbaridad digna de mención.

6 DE MAYO DE 1866

"El Avisador Malagueño" de este día anunciaba:

CIRCO DE LA VICTORIA

Gran corrida de novillos para el domingo 6 del corriente, y otra para el jueves 10 del mismo, matándose en cada una de ellas DOS NOVILLOS, dando el salto de la garrocha.

8 DE MAYO DE 1866

Por los comentarios de "El Avisador Malagueño", de la fecha indicada, averiguo que el espectáculo del día 6, no llegó a celebrarse:

El domingo no hubo paseos, no hubo distracciones públicas, no hubo, en fin, el capeo de novillos que estaba anunciado. Se empeñaron las nubes en ello, y lo consiguieron, pues casi todo el día estuvo lloviendo; si no mucho, lo bastante para producir lodo. Paciencia y a otra cosa.

12 DE MAYO DE 1866

"El Avisador Malagueño", de esta fecha, nos informa de la novillada del jueves:

El capeo de novillos, que tuvo lugar en el Circo de la Victoria en la tarde del jueves, no es digno de honores de la mención de la prensa. Nada hubo en él de notable, pues hasta la concurrencia fue escasa.

Veremos lo que pasa con las dos corridas de novillos de muerte que hay anunciadas para el domingo de la Santísima Trinidad, y vísperas del Corpus.

22 DE MAYO DE 1866

"El Avisador Malagueño" de este día nos comentaba:

Se preparan dos corridas de novillos en el Circo de la Victoria, para los días 27 y 30 del corriente.

27 DE MAYO DE 1866

"El Avisador Malagueño", de la fecha indicada, nos trae un extenso anuncio para dos novilladas los días 27 y 30 de mayo de 1866:

TOROS EN MÁLAGA

En el

CIRCO DE LA VICTORIA

Con superior permiso, y si el tiempo no lo impide, se verificarán dos magníficas corridas de NOVILLOS DE MUERTE de cuatro años cumplidos, en la tarde de los días 27 y 30 de mayo de 1866, presidiendo la Plaza la Autoridad competente.

La EMPRESA que ha tomado a su cargo el Circo de la Victoria, no ha omitido sacrificio alguno para organizar DOS FAMOSAS CORRIDAS que estén a la altura de las mejores que se hayan verificado en España, a cuyo efecto tiene el gusto de anunciar a los aficionados, que ha contratado al célebre y simpático diestro JOSÉ CINEO (a) CIRINEO[4], de Sevilla, el cual es sin duda el más aventajado matador que se conoce en clase de novilladas. Al mismo tiempo le acompañará, en clase de segunda espada, el arrojado joven GERARDO CABALLERO, también de Sevilla y una lucida cuadrilla de picadores y banderilleros.

La Empresa, que su principal objetivo es acreditar este local, no ha vacilado en hacer grandes desembolsos para conseguir DOCE HERMOSOS NOVILOS de cuatro años cumplidos, SEIS de la famosa y antigua ganadería del SR. D. DIEGO HIDALGO BARQUERO, de

Encaste Hidalgo Barquero

---

[4]   Una interesante y extensa biografía de este torero, la publica D. José
Mª de Cossío, en su obra "Los Toros", tomo III, págs.191/192.

Sevilla, y los otros SEIS de la famosa y renombrada del SR. D. RAMÓN ROMERO BALMASEDA, de la misma vecindad, y hermanos de los que el año anterior dieron tantas pruebas de su bravura en aquella Plaza.

PRIMERA TARDE.- Se lidiarán seis novillos de cuatro años cumplidos de los destinados para novilladas, de la antigua y acreditada ganadería del SR. D. DIEGO HIDALGO BARQUERO, hoy de la propiedad del Sr. D. Ramón Romero Balmaseda, con divisa blanca y negra, cuyos nombres y pelos son los siguientes: Rabicano, negro – Cigarrero, berrendo en colorado – Bizcochero, negro lombardo – Tejedor, berrendo en negro – Cubeto, berrendo en ensabanado – Hormigueto, negro.

SEGUNDA TARDE.- Se lidiarán seis novillos de 4 años cumplidos, de los destinados para novilladas, de la acreditada ganadería del Sr. D. RAMÓN ROMERO BALMASEDA, de Sevilla, con divisa blanca, verde y encarnada, cuyos nombres y pelos son los siguientes: Amapolo, rubio – Lagartijo, negro – Romerito, castaño mojino – Jardinero, cárdeno bajado, Leoncito, berrendo en negro.- Jaquetón, cárdeno lombardo.

ESPADAS.- El simpático diestro JOSÉ CINEO, CIRINEO Y GERARDO CABALLERO, ambos de Sevilla, que matarán alternando.

PICADORES.- Manuel Calderón, de Alcalá de Guadaira – Manuel Fuentes (hijo del famoso Juan), de Sevilla y Manuel Nogueras, de id.

BANDERILLEROS.- Manuel Sánchez (a) Mellizo – Juan Morillo (a) Bato, José Sánchez, Ramón Díaz y Antonio López (a) La Chica, todos de Sevilla.

NOTAS.- Si se inutiliza algún lidiador no se podrá exigir otro, aunque queden novillos por lidiar.- No se permitirá bajar a la Plaza a pedir ejecutar ninguna suerte, ni arrojar a ella cosa alguna que moleste a los lidiadores.- Se admitirán pedidos de localidades para las dos funciones, en la calle de San Juan, número 46.- En la primera tarde la Plaza se abrirá a las doce y la función empezará a las dos, y en la segunda se abrirá a las dos, empezando a las cuatro y media.

Una banda de música tocará antes de las corridas y en los intermedios.

PRECIOS: Palcos, 100 – id. dobles, 160 – Vallas, 10 reales – Sillas de 1ª fila, 10 – id de 2ª, 8 – Asientos de preferencia, 12 – Entrada general, 10.

29 DE MAYO DE 1866

La reseña de la novillada celebrada en este día, es ampliamente recogida por nuestro entrañable periódico local "El Avisador

Palacio Episcopal de Málaga (Archivo Díaz de Escovar)

Malagueño" (Qué gran prensa tenían nuestros paisanos de aquellos tiempos ¡ojalá hubiese perdurado hasta nuestros días!)

Se cuentan maravillas de la corrida de los llamados novillos verificada en el Circo de la Victoria en la tarde del domingo. Dícese por todos los que asistieron a ella que no fueron tales novillos, sino toros muy toros de muchas libras y de mucho poder; y que lo mismo fue el primero que el último: el estreno de cada uno al salir a la plaza era matar los tres caballos y echar los picadores a los tendidos. Así es, que murieron 22 caballos, y eso que no pudo dárseles los que necesitaban: Todos los burladeros volaban hechos astillas; y estuvo en constante peligro la cuadrilla, en atención a las malas condiciones del local para bichos de tal naturaleza.

- El público que lo conoció así, se mostró altamente sensato, sin exigencias de ninguna clase. Esta es una nueva prueba de que no se sabe lo que es un animalito con cuernos, hasta que está en plaza. ¿Cómo si no habían de haberse traído bichos así para el Circo de la Victoria, ni bajo el nombre de novillos?

Hemos oído decir que la entrada no fue cosa, y que el contratista debe de haber perdido bastante. Lo sentimos. Si la corrida del miércoles es como la de que nos ocupamos, menester será que se adopten las medidas más prudentes para asegurar los burladeros y evitar que haya desgracias. – Al traer los toros en la noche del sábado, se escapó uno, que en la plaza de la Victoria estuvo en nada no matase a un sereno, y que huyendo enseguida al campo no ha sido posible volverlo a encontrar.

30 DE MAYO DE 1866

"El Avisador Malagueño" de esta fecha nos anuncia:

Dicen algunos que han visto el ganado que ha de lidiarse esta tarde en el Circo de la Victoria, que la corrida no desmerecerá en nada a la anterior. También dicen que hay muchos pedidos de localidades, lo que promete que la concurrencia será más numerosa que en la corrida anterior.

15 DE JULIO DE 1866

El anuncio para una novillada en este día se encuentra en "El Avisador Malagueño":

Esta tarde se verificará en el Circo de la Victoria una corrida de novillos de muerte. Se dice que la cuadrilla es bastante buena, y que los bichos a juicio de los inteligentes que han tenido ocasión de verlos, son de una acreditada ganadería, y no dejarán nada que desear. Que aproveche a los aficionados.

17 DE JULIO DE 1866

Los breves comentarios de la novillada del 15 de julio, los insertaba "El Avisador Malagueño", del día citado:

La corrida de novillos de muerte verificada en la tarde del domingo fue bien poco digna de mención. Aunque más que novillos eran toros por su alzada y edad, se conocían eran bichos de desecho, por lo flojos y de pocas carnes. Así es que no dieran juego, que le pusieran

Vista de la Plaza de Riego (hoy Plaza de la Merced) y monumento de Torrijos (Archivo Díaz de Escovar)

banderillas de fuego a algunos, y que la gente se disgustó bastante al ver defraudadas sus esperanzas; aun así, hubo conatos de arrojar al redondel algunas tablas y sillas, pero no pasó de esto.

La entrada fue escasa: creemos que el empresario no habrá quedado con ganas de dar otra corrida en el Circo de la Victoria.

5 DE AGOSTO DE 1866

"El Avisador Malagueño", de la fecha indicada, anunciaba una función gimnástica y acrobática:

CIRCO DE LA VICTORIA
COMPAÑÍA GIMNÁSTICA Y ACROBÁTICA

Gran función para hoy domingo 5 de agosto, si el tiempo no lo impide.

Ante el lisonjero éxito que han obtenido los difíciles y sorprendentes ejercicios de la Compañía Artística, que por espacio de tanto tiempo ha tenido la honra de someterlos a la ilustrada apreciación de inteligentes públicos, el director de ella, hallándose de paso en esta ciudad y a ruego de números amigos que le han admirado en sus trabajos en Madrid y últimamente en Granada, ha dispuesto dar dos únicas funciones en el local arriba citado, sin atender a los perjuicios que le ocasiona esta detención en su viaje a Paris, a cuya capital va contratado para el Teatro de la Puerta de San Martín.

Entrada general, 2 reales – Niños y soldados, 1.

10 DE AGOSTO DE 1866

"El Avisador Malagueño" de este día anunciaba:

CIRCO DE LA VICTORIA

El domingo 12 del corriente dará la segunda y última función en el Circo de la Victoria Mr. Petrópolis, el que agradecido de la galantería del pueblo malagueño tiene dispuesto para ese día los mejores trabajos de su repertorio.

26 DE AGOSTO DE 1866

Última función de la compañía del Sr. Petrópolis. "El Avisador Malagueño", la incorpora en sus páginas.

CIRCO DE LA VICTORIA

Gran función para el domingo 26 de agosto.

Sinfonía por la banda de música.

Pirámides orientales ejecutadas sobre multitud de botellas por Mr. Carlos.

La balanza invisible, por el niño de corta edad Juanito Petrópolis; lo más dificultoso que se ejecuta entre equilibristas, siendo el único que se ha visto en España.

Prodigios de gimnasia ejecutados por Mr. Lacleci; después de variados y dificultosos ejercicios, concluirá con el aplaudido volteo de campana.

Dislocaciones y juegos ícaros, ejecutados por el célebre Mr. Petrópolis y su hijo.

Se presentará Mr. Carlos subido en sus zancos, a tres varas de altura a esperar un novillo, al cual picará y banderilleará al estilo de Portugal con banderillas construidas al efecto, matándole sin espada ni herramienta cortante ni punzante.

Concluirá tan extraordinaria función con la ascensión del globo Mongolfier de nueva invención, al que se unirán multitud de figuras de movimiento.

PRECIOS.- Palcos, 20 reales – Sillas, 2 – Vallas, 2 – Asientos de terradillo, 2 – Entrada general, 2 rs. – Media id 1.

La plaza se abrirá a las 3 y la función empezará a las cuatro y cuarto.

28 DE AGOSTO DE 1866

Esta es la reseña de "El Avisador Malagueño" de este día.

La función dada en el Circo de la Vitoria en la tarde del domingo, mereció los honores de una extraordinaria concurrencia, pues estuvo el local lleno, pasando el tiempo agradablemente con los diferentes ejercicios que se ejecutaron de gimnasia y dislocación, con la lidia y muerte de un novillo, y con la prometida ascensión de un globo aerostático, que no pudo llevarse a cabo porque se quema. Mr. Petrópolis, no debe haber quedado disgustado de Málaga.

Embarcadero del Puerto de Málaga (Archivo Díaz de Escovar)

2 DE SEPTIEMBRE DE 1866

"El Avisador Malagueño" anuncia una compañía italiana:

CIRCO DE LA VICTORIA

Función para hoy domingo, por la compañía coreográfica italiana, bajo la dirección de Mr. Petti.

1° - La linda madrileña – 2° El Zapateado. – 3° La hermosa crakowiana, gran baile ruso desempeñado por la Sra. Directora. – 4° Gran baile inglés bailado con multitud de cuchillos en los pies, por la niña de ocho años Matilde Guerrero. - 5° y último. El aplaudido baile andaluz y nominado EL OLE, por la joven sevillana.

Se procederá al sorteo de siete magníficos regalos que serán adjudicados a las personas que obtengan iguales números a los que resulte de ello.

Por el Sr. Velasco se quemará un pintoresco castillo de fuegos y varios juguetes con vistosos cohetes de colores, todo construido por dicho profesor para esta función.

Precios.- Palcos 16 reales – Sillas, 2 – Entrada general, 2 rs. – Media id, 1 - A las cinco en punto.

25 DE SEPTIEMBRE DE 1866

El anuncio de una novillada lo inserta "El Avisador Malagueño", de la fecha mencionada:

Para ayer tarde estaba anunciada una corrida de novillejos, que debían ser lidiados por jóvenes de la Sociedad Taurómaca, según tenemos entendidos, a pesar de que se fijaba precio de entrada, pero nos dicen que no se concedió permiso para ello.

Y esta son las breves noticias de esta novillada, también de "El Avisador Malagueño".

La corrida de novillos dada en la tarde del domingo en el Circo de la Victoria estuvo entretenida.

La entrada fue floja. Uno de los novillos hirió a un chulo en un muslo, pero levemente.

29 DE SEPTIEMBRE DE 1866

Otra novillada aparece anunciada en "El Avisador Malagueño", de esta fecha:

El domingo 30 se verificará una CORRIDA DE NOVILLOS de la ganadería de Parrao. Habrá uno de muerte y otro para los aficionados.

A 3 reales.

A las cuatro.

Virgen de la Victoria con San Ciriaco y Santa Paula
(Archivo Díaz de Escovar)

2 DE OCTUBRE DE 1866

Los pormenores de la novillada del 29 de septiembre los trata muy brevemente "El Avisador Malagueño":

Nada ofreció de particular la corrida de novillejos que se dio en el Circo de la Victoria en la tarde del domingo.

El último, para el público, dio sendos revolcones a la gente menuda; un muchacho quedó al parecer mal parado pues el bicho lo tiró por alto; pero afortunadamente no le hizo nada; a otro le hizo una leve herida en un brazo. Por esto y otros accidentes aún más graves que pueden ocurrir, no se debe permitir que baje al circo nadie a torear los bichos, más que la cuadrilla que los lidia.

7 DE OCTUBRE DE 1866

"El Avisador Malagueño" de esta fecha anunciaba:

CIRCO DE LA VICTORIA

En la tarde de hoy domingo 7 de octubre, habrá en el Circo de la Victoria un capeo de cuatro novillos, y uno de muerte, los cuales serán lidiados por una sobresaliente cuadrilla compuesta de indios bravos, varios diestros y de las simpáticas jóvenes María Giménez y Josefa Aponte, las cuales se comprometen la una a picar sobre un ligero asno y la otra a banderillear metida en una canasta.

El toro de muerte, después de picado y banderilleado del modo y por las jóvenes ante dichas, será muerto por el indio José Reyes, con una pluma, por no usarse en su país herramienta cortante ni punzante.

Se regalarán a las personas que obtengan iguales números a los que resulten del sorteo que será a la vista del público, un reloj de plata, un anillo de oro, una petaca y un bastón.

A cada entrada acompañará un número para la rifa.

A las cuatro   A 2 reales.

9 DE OCTUBRE DE 1866

Un gran lleno en la novillada del día 7 de octubre, según "El Avisador Malagueño":

El capeo de novillos dado en el Circo de la Victoria en la tarde del domingo se verificó con un lleno que no cabía en la capacidad del Circo, sin duda por haber vendido más entradas de las que se debían. Esto dio lugar a algún desorden, pues como todo el que entraba quería colocarse, la multitud invadió los palcos y según tenemos entendido hasta se rompieron las puertas de algunos y las divisorias que hay entre unos y otros.

Afortunadamente la cosa no pasó de ahí y de algún que otro revolcón que llevó la gente que ocupaba el Circo, y que sólo con gran trabajo podía desembarazarse. La famosa pluma que debía matar a uno de los bichos hizo fiasco y hubo que cambiarla por una espada. ¿Y las simpáticas jóvenes? Se lucieron. ¡Qué lástima de reclusión para ellas! ¡¡¡Y que la gente se dé de encontronazos para presenciar semejante espectáculo!!! No lo comprendemos.

11 DE NOVIEMBRE DE 1866

Una función ecuestre acrobática para este día nos avisa "El Avisador Malagueño":

CIRCO DE LA VICTORIA
GRAN COMPAÑÍA ECUESTRE ACROBÁTICA

Función para hoy domingo 11 de noviembre de 1866, si el tiempo lo permite.

Primera representación por la compañía que dirige MR. AUGUSTO REYNAUD, compuesta de 17 artistas de ambos sexos y de 19 caballos amaestrados en libertad, etc. etc

A las tres y media de la tarde
PRECIOS

Palcos 20 reales – Sillas de terradillo, 4 – Tabloncillos de id. 3 rs. – Sillas de galería y alrededor del Circo, 3 rs.

Entrada general, 3 reales – Medias entradas para niños y soldados sin graduación, la mitad del precio.

La Alameda vista Salón de Bilbao (1839)
(Archivo Díaz de Escovar)

13 DE NOVIEMBRE DE 1866
Y estos son los breves comentarios, publicados por "El Avisador Malagueño":

El domingo celebró su primera función, la compañía ecuestre y acróbata que dirige Mr. Reynaud. Todos los ejercicios fueron muy aplaudidos, particularmente los del niño Deverlois y los ejecutados por Mr. Augusto Reynaud (hijo) y el artista español D. Manuel López.

La concurrencia fue muy numerosa, saliendo muy satisfecha de los trabajos de la compañía, que en general es bastante notable.

18 DE NOVIEMBRE DE 1866
Segunda función de la compañía ecuestre. "El Avisador Malagueño", la anunciaba este día:

CIRCO

Esta tarde se verificará la segunda función por la Compañía ecuestre de Mr. Augusto Reynaud, que tantos aplausos y tan buena entrada alcanzó el último domingo.

20 DE NOVIEMBRE DE 1866
La reseña de "El Avisador Malagueño", de la función del día 18, decía:

Con un lleno completo tuvo lugar en la tarde del domingo la segunda función por la compañía ecuestre acrobática que actúa en el Circo de la Victoria.- Todos los trabajos fueron aplaudidos, ejecutándose

---

algunos verdaderamente notables.- La concurrencia, que cada día se aficionan más a esta clase de espectáculos, salió muy satisfecha.

El único accidente desagradable fue una caída del niño que trabaja con notable perfección en los trapecios, pero en la cual no creemos recibió gran daño.

25 DE NOVIEMBRE DE 1866

Siguen las actuaciones de la compañía del Sr. Raynaud, como vemos por nuestro inseparable "El Avisador Malagueño":

CIRCO

En la función ecuestre que debe verificarse esta tarde, según el programa, se ejecutarán las suertes más nuevas y difíciles; entre ellas la de los tres trapecios o el niño volante, cuyo peligroso salto lo dará Deverlois traspasando un aro de papel.

Francamente, no nos gustan estos peligrosos ejercicios, ni creemos que debiera permitirse que por una diversión y entretenimiento se expusiese de ese modo la vida de los hombres.

27 DE NOVIEMBRE DE 1866

Del espectáculo del día 25 de noviembre, son estos breves comentarios de "El Avisador Malagueño", del día 27 del citado mes:

El domingo celebró otra de sus funciones la compañía ecuestre y acrobática de Mr. Augusto Raynaud, asistiendo una concurrencia bastante numerosa. Los artistas fueron aplaudidos, particularmente el niño Deverlois que hace algunas suertes sorprendentes. No pudieron ejecutar todos los trabajos anunciados porque oscureció poco después de las cinco, y aunque la compañía estaba dispuesta a continuar, los espectadores, conociendo la exposición que había en que siguiesen trabajando a oscuras, empezaron a pedir que concluyera la función, como se hizo.

Tenemos una gran satisfacción en hacer público este incidente, que revela los humanitarios sentimientos, que enaltece a nuestro pueblo.

2 DE DICIEMBRE DE 1866

Continúan las funciones circenses de Mr. Reynaud. "El Avisador Malagueño", de esta fecha, nos da cuenta de ello:

CIRCO DE LA VICTORIA
COMPAÑÍA ECUESTRE Y ACROBÁTICA DE Mr. REYNAUD

Grande y variada función para el domingo 2 de diciembre de 1866, si el tiempo no lo impide, en la que se ejecutará la grande escena ecuestre sacada de la historia de las Cruzadas, titulada: MALEK – ADEL Y MATILDE, o la conversión del moro, en la que figuran todos los artistas y caballos de la compañía.

PRECIOS.- Palcos, 20 reales – Sillas de terradillo, 4 – Tabloncillos de id., 3 – Sillas de galería y alrededor del Circo, 3 – Entrada general, 3 reales – Media para niños y soldados sin graduación, la mitad del precio.

Las puertas se abrirán a las dos de la tarde y la función principiará a las tres y media.

4 DE DICIEMBRE DE 1866

Las breves explicaciones del desarrollo de la función del 2 de diciembre, son de "El Avisador Malagueño" del martes 4 de diciembre:

Como las anteriores, estuvo muy concurrida la función que en la tarde del domingo ejecutó la compañía ecuestre que trabaja en el Circo de la Victoria. Los ejercicios fueron aplaudidos, saliendo la concurrencia satisfecha. Nos alegramos.

Verdaderamente nuestros paisanos de aquellos tiempos eran fieles a los espectáculos circenses, que con tanta frecuencia se verificaban, teniendo en cuenta que el Circo de la Victoria los simultaneaba con otros escenarios y teatros de la ciudad.

Estoy comprobando la importancia y buena labor ejercida por el Circo de la Victoria, en la diversión y esparcimiento de nuestros antepasados. Me satisface sacar a la luz estos olvidados festejos públicos, tanto taurinos como circenses.

9 DE DICIEMBRE DE 1866

"El Avisador Malagueño", de esta fecha, comentaba la función:

Ayer ejecutó la compañía ecuestre-acrobática, una de sus funciones y para esta tarde tiene anunciada otra, en la cual se ejecutará lo más variado de sus peligrosos ejercicios. Buena entrada y buena suerte a los artistas, particularmente al arrojado niño que hace la difícil suerte de los tres trapecios.

De estas funciones nos informa "El Avisador Malagueño", del 11 de diciembre de 1866:

Las funciones celebradas en el Circo de la Victoria el sábado y el domingo por la compañía ecuestre, no han estado tan animadas como las anteriores –a pesar de la escasa concurrencia los artistas trabajaron hábilmente y fueron aplaudidos–. Deseamos que los empresarios sean más felices en el próximo espectáculo.

16 DE DICIEMBRE DE 1866

Función a beneficio del niño Deverlois. "El Avisador Malagueño", de la fecha indicada, nos da cuenta de esta noticia.

Esta tarde ejecuta la compañía ecuestre una función extraordinaria a beneficio del intrépido niño Deverlois – Se rifarán diferentes objetos.

25 DE DICIEMBRE DE 1866

"El Avisador Malagueño", de esta fecha, anunciaba otra función de la compañía ecuestre.

En la función que se celebra esta tarde en el Circo de la Victoria por la compañía de Mr. Reynaud, se ejecutarán varios ejercicios por todos los artistas, rifándose algunos objetos y tres pavos.

Y este era el anuncio en la sección de "Espectáculos":

CIRCO DE LA VICTORIA
COMPAÑÍA ECUESTRE Y ACROBÁTICADE MR. REYNAUD

Grandiosa función para hoy martes 25 de diciembre, si el tiempo lo permite.

Además de los extraordinarios trabajos que ejecutan los principales artistas de la compañía, se regalarán en diferentes suertes y en sorteo que se celebrará a la vista del público TRES MAGNÍFICOS PAVOS, los cuales se entregarán a los agraciados en el acto de la presentación del billete, quedando aquellos a la disposición de un asilo de Beneficencia si concluida la función no se hubiesen presentado a reclamarlos.

PRECIOS.- Palcos, 20 reales – Sillas de terradillo, 4 – Tabloncillos de id, 3 – Entrada general, 3 reales – Media para niños y soldados sin graduación, la mitad del precio.

Las puertas se abrirán a las dos de la tarde y la función principiará a las tres y media.

Al faltar el periódico del martes 27 de diciembre de 1866, me es imposible averiguar si esta función se llevó a cabo.

Plaza del Teatro y Arco de Buenaventura (Archivo Díaz de Escovar)

AÑO 1867

1 DE ENERO DE 1867

Se anuncia por "El Avisador Malagueño", de este día, una doble función de la compañía ecuestre:

Según se anuncia esta tarde se ejecutará en el Circo de la Victoria la última, definitiva y doble función, compuesta de ejercicios ecuestres y acróbatas, magia egipcia, prestidigitación y magnetismo. Se ha hecho una rebaja de precios.

6 DE ENERO DE 1867

"El Avisador Malagueño". Función a beneficio de Mr. A. Raynaud.

CIRCO DE LA VICTORIA

A beneficio de Mr. Augusto Reynaud

El domingo 6 del actual tendrá lugar la última función, en la que se verificará variados ejercicios ecuestres y grandes juegos de prestidigitación y magnetismo por el beneficiado, presentándose la sonámbula Srta. Clotilde para que el público pueda observar los fenómenos siguientes:

Atracción y repulsión magnética; fuerza de voluntad magnética; transmisión del pensamiento, y otros, que como en diferentes capitales, no podrán menos de merecer los aplausos del ilustrado público malagueño.

Entrada general, 2 reales – Las localidades a los precios de costumbre.

A las tres y media

8 DE ENERO DE 1867

"El Avisador Malagueño", de esta fecha, nos dice:

Sin duda por el mal tiempo que hizo, no pudo verificarse la función anunciada para el domingo día 6, en el Circo de la Victoria.

12 DE ENERO DE 1867

Según el "Avisador Malagueño", este día, se prepara un capeo de vacas cerriles.

CIRCO DE LA VICTORIA

Se prepara un hermoso CAPEO DE VACAS CERRILES, para el domingo 13, siendo el ganado de sus dueños, y que lo han escogido para que luzca su ganadería, y el precio de la entrada barata. No dudamos tendrán buena entrada.

Málaga desde el mar (Archivo Díaz de Escovar)

20 DE ENERO DE 1867

"El Avisador Malagueño" nos anuncia:

CIRCO

Para esta tarde se ha anunciado una corrida de vacas cerriles.

Creemos no podrá verificarse pues el tiempo continúa bien metido en agua, y sin trazas de mejorar.

29 DE ENERO DE 1867

"El Avisador Malagueño" de esta fecha comenta:

Parece que el domingo se verificó en el Circo de la Victoria una corrida de vacas cerriles.

3 DE MARZO DE 1867

Bailes de máscaras para tres días, anuncia "El Avisador Malagueño", de la mencionada fecha.

CIRCO DE LA VICTORIA

Tres magníficos bailes de máscaras el domingo, lunes y martes de Carnaval.

1º - A las doce en punto de la mañana se dará principio a éste, para el que se ha contratado una lucida orquesta, terminando esta parte a las tres de la tarde.

2º - A continuación se verificará un magnífico torneo.

3º - Continuará el baile hasta las cinco.

4º - Desde esta hora a las seis menos cuarto se ejecutará un segundo torneo.

5° y último. Se romperá una bonita Piñata para la máscara que tenga la suerte de aceptar.

Carruajes con seis personas, 10 reales – id. con cuatro, 8 – id. con 2, 6 – Máscara a caballo, 2 – id. que tomen parte en el torneo, con entrada, 8 – Palcos, 8. – Entrada general, 1 real.

28 DE ABRIL DE 1867

El Avisador Malagueño" de esta fecha anuncia una corrida de novillos.

CIRCO DE LA VICTORIA

GRAN CORRIDA DE NOVILLOS, para el domingo 28 (si el tiempo lo permite), cuatro de capea y dos de ellos de muerte.

Precio de entrada, 4 reales.

12 DE MAYO DE 1867

Otra novillada de capeo, para esta fecha, aparece anunciada en "El Avisador Malagueño".

Para el domingo 12 del corriente se prepara una famosa corrida capeándose seis bravos novillos, de la acreditada ganadería del condado de Niebla, con una lucida cuadrilla de banderilleros, a cuyo frente estará el simpático espada Juan Rodríguez.

Entrada, 1 real.

El programa dará más pormenores.

Desafortunadamente, en diferentes ocasiones no localizo noticias de los eventos relacionados en este trabajo, unas veces suspendidos por el mal tiempo y que no lo anuncian, otras porque la prensa local no le merece la suficiente importancia, para ocuparse de ellos, y naturalmente por no encontrarlo en la prensa consultada.

DÍA 16 DE JUNIO DE 1867

"El Avisador Malagueño", de esta fecha publicaba lo siguiente.

TOROS

Hemos visto los carteles en que se anuncia la corrida que deberá verificarse esta tarde en el Circo de la Victoria, y nos han extrañado dos cosas; una la calificación de toros que se da a los bichos que se han de lidiar, cuando según saben nuestros lectores deben ser novillos, pues no otra clase permiten las condiciones especiales del Circo, y otra la supresión de los precios, que según se espera, se anunciarán en programas y carteles. Pues ¿cuántas clases de carteles se van fijar? Son cosas que no comprendemos, el público tampoco, ignorándose hasta la fecha cuales son los precios, y clase de bichos que se van a lidiar.

También La Unión Mercantil se ocupaba de esta corrida, el 16 de junio de 1927 – Tal día como hoy.

Málaga desde el Convento del Carmen
(Archivo Díaz de Escovar)

La corrida de toros que se verifica en el Circo de la Victoria resultó un completo fracaso. Los cinco primeros llevaron banderillas de fuego, y como el sexto resultase peor, el público las pidió y se habían acabado. Entonces fue el escándalo. Decía El Avisador: "La indignación del público tan completamente chasqueado desde el principio, subió al punto y cuando ya rotundamente manifestaron a la Presidencia que no había banderillas, vimos volar cuantas sillas había en los palcos y cuantas tablas formaban los tendidos, efectuándose la casi total demolición de la plaza en menos tiempo que se cuenta.

En mi constante búsqueda de datos, aparece publicado por "El Avisador Malagueño", del 18 de junio de 1867, unas breves noticias de este espectáculo, en sus columnas:

SE ARMÓ.- El domingo por la tarde se verificó la corrida dicha de toros en el Circo de la Victoria. Los cinco primero fueron muy malos no mereciendo más que el nombre de cabras y recibiendo todos banderillas de fuego.

A la sexta cabra que ya no lo era, sino mansa oveja, el público pidió como era de esperar banderillas de fuego, que no se pudieron presentar por la sencilla razón de que la previsora empresa no las tenía. La indignación del público tan completamente chasqueado desde el principio, subió de punto, y cuando ya rotundamente manifestaron a la presidencia que no había banderillas, vimos volar cuantas sillas había en los palcos y cuantas tablas formaban los tendidos, efectuándose la casi total demolición de la plaza en menos tiempo que se cuenta.

La autoridad, sin duda sorprendida, dio permiso para esta corrida, que tan mal concluyó y en la que no sobrevino un conflicto, gracias a la prudencia con que se condujo la Guardia civil que acudió a la plaza, y que más bien por la persuasión que por la fuerza logró concluir el escándalo.

Es de esperar que el público lo piense muy bien en lo sucesivo, antes de asistir con su dinero a espectáculos parecidos al que se le ofreció en la referida tarde.

23 DE JUNIO DE 1867

"El Avisador Malagueño", de esta fecha, nos dice:

Aclaración – Se nos pide hagamos presente al público, que los becerros que se lidiaron en la última corrida en el Circo de la Victoria, no eran del empresario a quien anteriormente se negó el permiso para verificar una función, para la que presentaba toros demasiado bravos e inadmisibles, atendidas las circunstancias de la plaza.

28 DE JULIO DE 1867

"El Avisador Malagueño" de este día comentaba:

SOCIEDAD TAURÓMACA DE MÁLAGA

Debiendo tener efecto a la cuatro de la tarde de este día la primera corrida de toretes, se avisa a los señores socios para su conocimiento, suplicándose a los que por cualquier causa no hayan recibido billetes de entrada o el recibo de la presente mensualidad, se sirvan mandar recogerlo en el Circo de la Victoria por la mañana.

Málaga, 28 de julio de 1867. P. A. de la D. – El Secretario, Joaquín Ortega Franquelo.

18 DE AGOSTO DE 1867

"El Avisador Malagueño", de la fecha indicada:

TOROS.- Ayer debieron llegar por el tren los novillos para la corrida que celebra esta tarde la Sociedad Taurómaca de Málaga. Parece que la plaza se va a adornar lujosamente para la función que esta sociedad, que es diferente a la que se titula "La Verdad", promete darnos un rato agradable.

Cuidado con los bichos, y siga la broma.

20 DE AGOSTO DE 1867

"El Avisador Malagueño" de este día nos hacía la reseña:

TORETES.- La corrida celebrada el domingo por la Sociedad Taurómaca Primitiva, fue una de las más lucidas que ha dado esta sociedad desde su creación. Los bichos fueron de bastante empuje,

Málaga vista desde el Fuerte de Gibralfaro
(Archivo Díaz de Escovar)

habiendo algunos que tomaron hasta treinta y seis varas seguidas. Los aficionados picadores señores La Fuente y Torres dieron prueba de serenidad y fuerza, perdiendo no obstante dos caballos y otros más o menos heridos.

El señor Fiandor puso admirablemente las banderillas, y los espadas señores Junquitu y Masit mataron con maestría como siempre.

De los demás señores podemos decir que estuvieron a igual altura, sintiendo no poder citar nombres por no tener el gusto de conocerlos.

La concurrencia fue de lo más escogido y numeroso, recibiendo algunos aficionados bonitos cartuchos de dulces de mano de las bellas que presidían la función.

8 DE SEPTIEMBRE DE 1867

"El Avisador Malagueño" de este día publicaba:

TORETES.- Esta tarde tendrá lugar la corrida que tenía proyectada la Sociedad de Aficionados "La Verdad". Nos han dicho que los novillos ya no son muy pollos y que no deben fiarse los lidiadores de sus espolones. Celebraremos que no haya ningún percance que lamentar.

10 DE SEPTIEMBRE DE 1867

"El Avisador Malagueño" nos escribía la reseña:

Función de toretes. El domingo tuvo lugar la corrida de toretes anunciada por Sociedad Taurómaca "La Verdad". Presidía la plaza la

Sra. de Orozco, acompañada de las señoritas de Lengo, Gatner y Díaz, y muchas y bellísimas paisanas nuestras formaban el principal adorno de la plaza. Una lucida y numerosa cuadrilla tomó parte en la lidia, y aunque todos rivalizaron en maestría, nos llamó particularmente la atención la que desplegaron los señores D. Manuel Grande, y el Sr. Romero que fueron obsequiados por la presidencia de señoras con algunos regalos de valor y numerosos cartuchos de dulces.

Los bichos no eran por cierto lo que se nos dijo, pues se notaban en ellos falta de fuerza y de empuje. Más vale así.

Desearíamos notar un poco más de orden durante las funciones, suprimiendo algunas frases, si bien permitidas en una corrida pública, sumamente inconvenientes en una sociedad donde se reúnen personas todas decentes y acostumbradas a otras maneras y a una producción más delicada. Esto que es sumamente sensible hasta para la misma sociedad compuesta de dignas personas, puede ser remediado por la comisión nombrada de orden, vigilando en la que no se falte al decoro correspondiente que debe guardarse en toda buena sociedad.

15 DE SEPTIEMBRE DE 1867

"El Avisador Malagueño", anuncia una novillada:

TOROS.- Esta tarde si el tiempo lo permite verifica su anunciada función la sociedad "La Primitiva". Parece que desde hace días están vendidos todos los palcos, lo cual promete una gran concurrencia. Que se diviertan.

17 DE SEPTIEMBRE DE 1867

La Unión Mercantil, del 15 de septiembre de 1927 en su sección "Tal día como hoy" nos reseña esta corrida.

El día 15 de septiembre de 1867 se verificó una corrida por la sociedad "La Primitiva", presidiendo las señoritas de Orozco (Adelaida y Victoria) y Bonfante.

Estoquearon los señores Junquitu (Ignacio), Massip y Manoscau, que recibieron muchos regalos de la Presidencia.

Fueron picadores los señores Lafuente y Torres.

Y una reseña más extensa, nos facilita "El Avisador Malagueño", del 17 de septiembre de 1867:

FUNCIÓN DE TOROS. La corrida de novillos verificada el domingo por la tarde, ha sido indudablemente una de las más lucidas que ha celebrado la sociedad taurómaca "La Primitiva". Invitadas para ocupar la presidencia las señoritas Doña Adelaida y Doña Victoria Orozco, acompañadas de la señorita de Bonfante y otra que no recordamos, se presentaron en el palco que lujosamente se les tenía preparado, comenzando inmediatamente la función. El primer toro lo mató el Sr. D. Ignacio Junquitu, recibiendo de la presidencia como regalos una magnífica muleta con los atributos del toreo bordados en oro y plata por el anverso, y una dedicatoria al agraciado, rodeada de una guirnalda de oro por el reverso; al mismo tiempo recibió una espada de gran valor, y multitud de cajas de dulces.

El segundo estuvo encargado de matarlo el Sr. Massit, a quien la misma presidencia obsequió con una lindísima purera giratoria, de plata, varios atados de riquísimos habanos y cajas de dulces.

El tercer toro fue bravísimo; tomó infinidad de varas, dejó estropeados varios caballos, y lo mató el Sr. Junquitu que también volvió a recibir otros regalos de la presidencia, cuyo contenido ignoramos hasta ahora.

Habiendo pedido varios señores que saliese a matar el cuarto toro el aficionado Sr. Manescau, éste, aunque sin pretensión de gran lidiador, hizo cuanto pudo, quitándolo al fin de en medio al bicho de una buena estocada.

Debemos hacer particular mención del animoso y diestro banderillero señor don Eduardo Fiandor que colgó a los bichos multitud de pares de banderillas, y que siendo invitado por el público para matar al último toro, se prestó gustoso, aunque también sin pretensiones de primer espada, recibiendo de la presidencia un juego primoroso de pomos de esencias en un pie de plata, y sus correspondientes cajas de dulces, regalo de que disfrutaron igualmente los diestros picadores señores Torres y Lafuente.

Aunque la concurrencia a los tendidos fue escasa, la de los palcos era numerosa, hallándose ocupada por una sociedad escogida. Los bichos fueron de gran pujanza, y en general todos los lidiadores se portaron bien, quedando complacidos los espectadores.

No pudo verificarse el despejo anunciado según hemos comprendido por las divergencias de opiniones que hubo en la Sociedad, lo cual es sensible porque hubiera aumentado en interés de la función.

29 DE SEPTIEMBRE DE 1867

"El Avisador Malagueño" de este día anunciaba un espectáculo:
CIRCO DE LA VICTORIA

Grande espectáculo y sorprendente función para hoy domingo 29 de septiembre, si el tiempo lo permite.

La plaza será presidida por la autoridad competente.

Hallándose de paso la compañía gimnástica bajo la dirección del Sr. D. Salvador González, y queriendo presentar sus grandes trabajos en esta población, ha dispuesto para este día una función por el orden del siguiente programa:

1° - Sinfonía por la orquesta. 2° - El director hará la sorprendente subida y bajará por la maroma que estará a 14 metros de elevación por encima del tejado del circo. 3° - Gran subida por el trapecio tirante por el célebre artista español Sr. Hurtado, verificando saltos de damas, de caballos y grandes bailes en la maroma tirante. 4° - Sorprendente subida y bajada a pulso en la cuerda floja, por el payaso y clown. 5° - La cuerda floja, por el Sr. González, ejecutando la sirena, la cama de la novia, la serpiente, el molino y el caballo del ángel, la cama del novio, el molino de viento, hermosura y bondad, concluyendo con el ahorcado de los pies, todo ejecutado a una altura bastante elevada. 6° - La llegada de un tren especial a Méjico o sea la posta mejicana, desempeñada por los señores Salvador y Felipe. 7° y último. Para que el público quede complacido y siguiendo la costumbre de varias capitales, se presentará una Gran Mascarada de distintos trajes, en la que se matará un novillo con un ramo de flores encantado, dejándolo completamente magnetizado por la electricidad.

La plaza se abrirá a las dos y la función principiará a las cuatro en punto. Una banda de música tocará piezas escogidas en los intermedios.

PRECIOS.- Palcos 20 reales – Sillas de galería, 3 – id. de terradillo, 4 – Entrada general, 2 – Niños y soldados, 1 real.

Los despachos de billetes se hallarán situados en la Plaza de la Constitución y Circo de la Victoria.

1 DE OCTUBRE DE 1867

"El Avisador Malagueño" de este día nos habla de esta función:

CIRCO.- No pudimos concurrir el domingo a la función de gimnasia y equilibrio y funambulismo; además que se verificó; así que no tuvimos, a nuestro pesar, ocasión de aplaudir al artista émulo y rival y competidor de los Blondin y las Savi en su ascensión por la maroma. Se nos dice, sin embargo, que era ilusión tanta belleza, y que los espectadores no quedaron nada satisfechos.

Pero se nos refiere y lo consignamos con cierta fruición, que la empresa se excedió así misma procurando graciosamente un espectáculo que no estaba en programas. Y es que el becerro, que por final de fiesta saltó a la arena, fue cacheteado, degollado y descuartizado en la misma plaza, en presencia del público que saldría encantadísimo de esa galantería.

DÍA 6 DE OCTUBRE DE 1867

"La Unión Mercantil", del 6 de octubre de 1928 en su sección "Tal día como hoy" decía:

Convento de la Victoria (Archivo Díaz de Escovar)

La Sociedad "La Verdad" dio una notable corrida en el Circo de la Victoria, bajo la dirección del aficionado sevillano José Romero. Se trajeron seis novillos de la ganadería de la Sra. Vda. De Miura, eligiendo el espada en la dehesa un toro de cinco años para estoquearlo él. Llamábase este toro "Capuchino" y sólo el picador Granelli se atrevió a picarlo. Le pusieron medio par de banderillas y Romero lo mató con valentía, oyendo muchos aplausos.

También "El Avisador Malagueño", del 8 de octubre de 1867, se ocupaba de ella:

El domingo verificó la Sociedad Taurómaca "La Verdad" su anunciada corrida de novillos de muerte. La cuadrilla estuvo felicísima y qué decir de los inteligentes, se pusieron buenas banderillas y excelentes puyas e inmejorables estocadas.

Lo bichos dieron mucho juego; y la concurrencia fue muy numerosa. Que se diviertan los que así se divierten.

****

Y ya que hemos hablado de toros diremos a nuestros lectores, que en las columnas del "Diario Mercantil", hemos visto empeñada una polémica entre afectos y desafectos de esas fiestas. Está de más decir que el furor taurino que se ha despertado en nuestra juventud nunca ha obtenido nuestro parabién.

Hay una consideración que nos hace rechazar las corridas de toros; el hombre, rey de la naturaleza, no es un tirano; puede y debe apropiar a sus usos los animales, destinarlos a su alimentación; privarlos pues de la vida; pero no multiplicar sus sufrimientos ni aumentar sus dolores. La res que muere en el matadero, nada más natural; la res que muere en el circo, nada más inhumano.

20 DE OCTUBRE DE 1867

"El Avisador Malagueño" de este día nos comenta:

Parece que los toretes que venían de Sevilla y que debían hoy de ser lidiados y estoqueados por algunos jóvenes socios de la "Primitiva", se escamaron y volviendo grupa se hallan a estas horas pastando tranquilos en sus ganaderías.

La función queda aplazada y ya diremos cuando se ejecuta. Entretanto sentimos este contratiempo por los aficionados que ya estarán ganosos de lucir en la arena su gentileza y bríos, por las suculentas pollitas que se prometían domeñar más de un rebelde voluntad esta tarde; y sobre todo por los pobres, a cuyo alivio se dedicaban los productos de la corrida.

3 DE NOVIEMBRE DE 1867

"El Avisador Malagueño" de esta fecha anunciaba la corrida:

Hoy a las dos de la tarde se verificará en el Circo de la Victoria la corrida pública de toretes a beneficio de los pobres, cuyo programa ya hemos publicado.

Esta función es la que no pudo celebrar la Sociedad "Primitiva", por habérsele huido los novillos.

Recomendamos la asistencia, deseando un buen resultado para los pobres.

5 DE NOVIEMBRE DE 1867

"El Avisador Malagueño" nos da la reseña de esta corrida:

La reseña de la corrida de seis toretes, que jugó la "Primitiva" anteayer en el Circo de la Victoria, se puede reducir a dos líneas: Diestros muy desafortunados, algunos pares de rehiletes bien puestos y mejores puyazos; dos heridos, aunque sin gravedad y una muñeca dislocada; revolcones a folio, sustos de padre y muy señor mío; un caballo fuera de combate, novillos que entretenían y muy escasa concurrencia; y por consiguiente poco beneficio líquido para los pobres.

Muy pronto ambas sociedades taurinas darán al público la liquidación de sus corridas con la conveniente distribución del superávit entre las clases a que se destinaban.

16 DE NOVIEMBRE DE 1867

"El Avisador Malagueño", publicaba unas líneas en términos sarcásticos, sobre las sociedades taurómacas:

Ya saben nuestros lectores, ayer lo dijimos en la Crónica nacional, que en Cuenca se han organizado sociedades taurómacas a porrillo. Para que digan que no hay en esta tierra de España espíritu de asociación.

Si el ejemplo de empleados, estudiantes y obreros que se reúnen para dar corridas de toros no basta para dar una idea de lo que aquí adelanta y cunde la buena semilla, diremos, no sin cierta complacencia y gaudeamus, que en Ardales, gran pueblo de peces si fuera litoral, acaba de fundarse nueva sociedad taurina según nos cuentan; que otra se piensa crear en Ronda y trabajan en el establecimiento de otra en el Palo.

Con eso y tener tres asociaciones toreras en Málaga no estamos todavía satisfechos; quisiéramos que no quedase villa, ni lugarejo, ni coto, ni caserío que no gozase de las ventajas incuestionables de esas reuniones: a ser nuestra boca medida, cerraríamos los institutos y colegios y universidades porque el estudio etiquiza y la luz daña los ojos, y abriríamos cátedras del arriesgado arte a una por parroquia.

DÍA 17 DE NOVIEMBRE DE 1867

"La Unión Mercantil", del 17 de noviembre de 1927 – Tal día como hoy.

En el Circo de la Victoria, celebró una corrida de novillos la sociedad "La Pamplina", compuesta por aficionados al toreo, personas de buen humor. Los carteles se redactaron de forma humorística.

No he encontrado noticias de la verificación de este espectáculo, en la prensa de los días siguientes se comentaba el tiempo lluvioso en estos días, por lo que probablemente no se llevaría a cabo.

Incluyo el comentario publicado por "El Avisador Malagueño", del 17 de noviembre:

Circula por ahí los prospectos de una corrida de novillos que la Sociedad "La Pamplina", verifica esta tarde en el Circo de la Victoria. Esos anuncios están escritos en guasa, bien poco chistoso, con los nombres de los diestros y peones y gente de a caballo seguidos de sus correspondientes alias, imitando en esto a las eminencias del toreo.

La entrada vale 170 cuartos (10 panes).

20 DE NOVIEMBRE DE 1867

"La Unión Mercantil" del 20 de noviembre de 1926 nos da esta noticia:

Se acordó la creación de una nueva sociedad taurina llamada "La Imparcial". Existían además en este tiempo "La Primitiva, "La Verdad", "La Pamplina" y "La Perchelera".

También "El Avisador Malagueño", de esta fecha se ocupaba de este tema:

Ya tenemos otra sociedad torera en campaña. Es verdad que va siendo alarmante la comezón cornúpeta que nos ha ganado. Hay que agregar a la lista de sociedades taurómacas que teníamos, "La

Imparcial", cuyos cimientos se han echado con no desfavorables auspicios; diciéndose que está llamada a asumirse los restos disidentes de la "Verdad" y la "Primitiva", alguna de las que según malas lenguas propagan, está en el periodo de disolución. ¡Que no se realicen tan negros vaticinios pedimos al Dios del toro! ¡Plegue a esa cornuda divinidad que para honra y prez de la cultura de nuestro pueblo, sobre la "Verdad" y la "Primitiva y la "Perchelera", se formen otras cien sociedades taurinas, con nombres tan adecuados como aquellos por supuesto! Qué gozo cuando poseamos la "San Marcos", la "Civilización", el cuerno de "Citerea" y cien más por el estilo.

AÑO 1868

Día 2 de febrero de 1868

"La Unión Mercantil", del 2 de febrero de 1927 – Tal día como hoy.

En el Circo de la Victoria, se celebró una corrida por la Sociedad "La Verdad". Lidiaron seis toretes de don Félix de la Monda.

Fueron espadas: Rafael García, Manuel García, y Joaquín Ortega "Frascuelo" – Picadores: José Muñoz, Francisco Rodríguez, Rafael Mora y Enrique Crovetto – Banderilleros: José Robles, Miguel García, R. Corrales, E. Serrano y Pedro Olmos. – Cachetero, José Montes. Resultó mediana la corrida.

También la anunciaba "El Avisador Malagueño", del mencionado día:

"La Verdad", madre de la Victoriana da hoy una corrida de toros; que sea enhorabuena; buen provecho. En Contraposición "La

Playa de Pescadería (Archivo Díaz de Escovar)

Academia de ciencias y literatura" del Liceo duerme el sueño de los bienaventurados; y el "Círculo Artístico y literario", ésta cada vez vel quasi.

Y una breve reseña aparece en "El Avisador Malagueño", del 4 de febrero de 1868:

No la presenciamos, (¡que el arte nos perdone ese olvido!) pero se nos ha dicho que la corrida de toretes que dio "La Verdad" anteayer fue muy floja; que el ganado dio poco juego, y la cuadrilla no estuvo afortunada. Dos arroyos de líquidas perlas fluyen de nuestros conturbados ojos, al presentir que asistimos a la decadencia del sublime arte de Pepe-Hillo y Curro Montes.

9 DE FEBRERO DE 1868

"El Avisador Malagueño" de este día anuncia otra corrida:

LA VICTORIANA
(Hija de "La Verdad")
Sociedad taurómaca de Málaga

Segunda corrida para el día 9 de febrero, a las dos de la tarde (si el tiempo no lo impide).

La Junta Directiva, en su incansable deseo de promocionar a esta Sociedad cuantas variaciones son susceptibles a esta clase de espectáculos, ha determinado dar una corrida de toretes de muerte, de la Serranía de Ronda, cuyos pelos y señales son los siguientes:

1º- Candelero, negro, corni-paso, 3 años.
2º- Capuchino, colorado, bien puesto, 3 años.
3º- Golondrino, berrendo en negro, corni-delantero, 3 años.
4º- Ojeador, negro, bien puesto, 3 años.

Para esta corrida servirá de billete de entrada el recibo de la mensualidad, el cual será inutilizado inmediatamente y devuelto al socio.

No se permite bajar a la plaza, ni permanecer entre burladeros, más que los que tomen parte en la lidia.

Los Sres. Socios que deseen adquirir palcos para dicha corrida, se servirán avisarlo en la Secretaria de esta Sociedad, sita en el Café de la Iberia, al precio de 12 reales.

Y un breve comentario de este espectáculo, lo incluye "El Avisador Malagueño", del 11 de febrero de 1868:

Anteayer verificó "La Victoriana" (hija de la "Verdad") su segunda corrida de toretes, destinando sus productos al socorro de los pobres, como teníamos anunciado. Esto no obliga a ser parcos de censuras, haciendo por olvidar los medios en gracia del propósito; aunque bien mirado, nos debemos alborozar al ver la afición al toreo tan de capa caída.

13 DE JUNIO DE 1868

"El Avisador Malagueño" de este día, anunciaba:

La Sociedad Taurómaca "La Primitiva" ha dispuesto una corrida para el domingo 14 del actual, en que se lidiarán seis novillos de la viuda de D. Anastasio Martín: proponiéndose según parece su junta Directiva, invitar al efecto a un diestro de gran fama que se encuentra de paso en esta ciudad a que tome parte en la corrida.

La corrida se suspende, al parecer entre otras razones el socio Sr. Junquitu, gran valedor de estos festejos, se encontraba indispuesto, el innominado famoso diestro que se encontraba en la ciudad no apareció y la importancia del ganado según comentaba "El Avisador Malagueño, del 16 de junio de 1868:

La corrida anunciada por la Sociedad titulada "La Primitiva" no pudo llevarse a efecto en la tarde del domingo.

Dícese que razones que dictaba la prudencia, fueron la causa de esta determinación, pues siendo sólo bichos no ya toretes sino toros hechos y de empuje, los inteligentes comprendieron que no debían exponerse simples aficionados a un desgraciado accidente.

Aplaudimos la determinación.

Esta novillada se celebra el 18 de junio de 1868, como veremos más adelante.

17 DE JUNIO DE 1868

"El Avisador Malagueño" anunciaba este día:

LA VERDAD

Sociedad taurómaca de Málaga.

Por acuerdo de la junta directiva se cita a la junta general el jueves 18 a las ocho de la noche, para nombramiento de algunos de la directiva que han quedado vacantes por dimisión de los mismos; teniendo efecto ésta en la secretaria de dicha Sociedad, en el café Suizo.

Málaga, 17 de junio de 1868.- El secretario interino, Rafael Mora Carnero.

18 DE JUNIO DE 1868

"El Avisador Malagueño" de este día se hace eco de esta noticia, aunque no relacionada directamente con la actividad del Circo de la Victoria, que incluye reformas en el reglamento taurino, por lo que me ha parecido interesante incluir en este trabajo:

Entre las reformas que se introducen en el nuevo reglamento de toros, una de ellas consiste en establecer nuevamente la jauría o suerte de los perros para aquellos toros que no tomen ninguna vara.

Se establecen también toques de timbales y clarín para algunas suertes, y se señalan las multas para los lidiadores que a juicio de la presidencia incurran en alguna falta.

18 DE JUNIO DE 1868

"El Avisador Malagueño" de este día anunciaba una corrida:

Esta tarde tendrá efecto la corrida que anunció días pasados la Sociedad titulada "La Primitiva". Se nos dice que los bichos son más que novillos, y aunque entre los que deben lidiarlos hay verdaderos inteligentes, recomendamos la mayor prudencia a todos, pues nos sería muy sensible tener que presenciar la desgracia de cualquiera de los aficionados, en su mayor parte muy amigos nuestros.

Y estas son las noticias de su verificación.

"El Avisador Malagueño", del 20 de junio de 1868:

La corrida de toros (no de novillos), que celebró la "Primitiva" en la tarde del jueves, no dejó nada que desear a los aficionados al toreo. Los bichos fueron magníficos y a propósito para dejar sobre la arena a unos cuantos muchachos.

Uno de los que lidiaron recibió una herida en una pierna, y otro, picador como el primero, dio una caída del caballo que puede tener para su salud fatales consecuencias.

¡Sus respectivas familias deben estar satisfechas!

Seis o siete caballos quedaron muertos, unos en la plaza y otros en el arrastradero.

Pues señor, la cosa marcha.

28 DE JULIO DE 1868

"El Avisador Malagueño" nos hace otra reseña:

Se nos dice que la corrida de novillos celebrada por la "Verdad" en la tarde del domingo, fue inmejorable. Los bichos de igual pelo e igual edad dieron bastante juego a los lidiadores, que a su vez se portaron con maestría recibiendo continuados aplausos de adeptos y aficionados.

4 DE AGOSTO DE 1868

"El Avisador Malagueño" de este día publicaba:

Capeo. El próximo domingo 9, tendrá lugar, según nos aseguran uno, en el Circo de la Victoria, corriéndose seis vacas cerriles de la ganadería de la Sra. marquesa de Villaseca.

Tipos populares - Fería de Málaga (Archivo Díaz de Escovar)

18 DE AGOSTO DE 1868

"El Avisador Malagueño":

Las dos corridas de novillos verificadas el sábado y el domingo, por las respectivas sociedades "La Primitiva" y "La Verdad", nos dicen fueron del agrado del público, rivalizando las dos en buen ganado y sus aficiones en destreza.

Lo principal es que no ha habido revolcones.

5 DE SEPTIEMBRE DE 1868

"El Avisador Malagueño" anunciaba este día lo siguiente:

CIRCO DE LA VICTORIA

Extraordinaria función de SEIS VACAS CERRILES, y una gran lucha de perros de presa con una res, de la acreditada ganadería de la Sra. Marquesa de Villaseca, hermanos de los que se habían lidiado en Córdoba el día 8 por el célebre espada Lagartijo, para el domingo 6 de septiembre, a las cuatro en punto de la tarde, (si el tiempo no lo impide).

El empresario ha escogido expresamente SEIS VACAS de la acreditada ganadería, y queriendo complacer al público, ha determinado lidiar entre siete a ocho de la mañana de este día DOS VACAS, siendo la primera lidiada por varios aficionados, y la segunda por los que gusten bajar al redondel, la cual será banderilleada y muerta, por Francisco Guerrero, que ha venido expresamente de Sevilla.

ESPADAS.- Joaquín Chamorro, de Sevilla, y Salvador Manganote, de Algeciras, con su lucida cuadrilla.

La plaza se abrirá a las dos y la función empezará a las cuatro.

Entrada general, 3 reales – Media entrada, 1 y medio – Por la mañana a las dos vacas, un real.

8 DE SEPTIEMBRE DE 1868

"El Avisador Malagueño" de este día comentaba lo siguiente:

El domingo no pudo verificarse la anunciada corrida de vacas cerriles en el Circo de la Victoria, a causa de haberse éstas escapado, y aunque se logró recogerlas a las ocho de la mañana, la imposibilidad de hacer el encierro de día sin ciertos requisitos que se hubiera tardado bastante en poder cumplir, determinaron al contratista a aplazar esta función para hoy.

10 DE SEPTIEMBRE DE 1868

"El Avisador Malagueño":

SE AGUÓ LA FIESTA. Como saben nuestros lectores el martes debía tener lugar la corrida de vacas cerriles en el Circo de la Victoria, pero estaba de Dios que no debía consumarse la diversión. Parece que temiendo el contratista una nueva jugada de los animalitos, dispuso que se verificase un encierro llevando las víctimas como las de la guillotina el año 93; en carretas. Pero una vaca y vaca cerril, no se coloca tan fácilmente en un vehículo de esta especie, resultando que las que lo fueron, hubieron de quedar cojas, lo cual se advirtió por la mañana, promoviéndose un fuerte alboroto en la plaza a la que se arrojaron sillas y tablones, y hasta la puerta del chiquero fue arrancada, teniendo que acudir fuerza de la Guardia civil a dominar el tumulto. Consecuencia de esto fue sin duda la prohibición de la corrida, pues para muestra bastaba la que se dio en la del torito del aguardiente. Las entradas se devolvieron ayer, abonándose su importe por el contratista.

¡¡¡Por qué todas las corridas de toros no tendrán tan feliz resultado!!!...

****

Sobre el alboroto ocurrido en la mañana de anteayer en el Circo de la Victoria del que hemos hecho mención en el suelto anterior, se nos dan las noticias siguientes:

Como a las ocho de la expresada mañana se promovió dentro del Circo de la Victoria, un gran alboroto a causa de la lidia de dos vacas pertenecientes a las que se habían de correr en la tarde del mismo día, por efecto tal vez de ser el ganado malo o venir estropeado, puesto que fue encerrado en la Plaza conducidos en carros.

Al principio no pudo ser contenido el alboroto por los cinco empleados de seguridad de aquel distrito que estaban allí con el celador D. José Leal, por lo que dicho celador salió a pedir auxilio al cuartel de la guardia civil donde le facilitaron un sargento y dos parejas; pero entretanto había ya terminado el alboroto y el público había desalojado la Plaza de la Merced a las exhortaciones del vigilante de primera clase Leandro Basconeillo y de los otros cuatro empleados.

Sin embargo, no terminó el escándalo referido sin causar daños en los tendidos arrancando algunas tablas, pero afortunadamente no ocurrió la menor desgracia, y los empleados procedieron con bastante tino para salvar el conflicto del mejor modo posible.

27 DE SEPTIEMBRE DE 1868

"El Avisador Malagueño" de este día publica el siguiente comunicado:

COMUNICADO
LA MALAGUEÑA
Sociedad Taurómaca

La junta directiva de esta ciudad al dar su primera corrida de inauguración, el domingo 27 del corriente, a las dos de la tarde, lo hace saber a los señores Socios para que recojan su billete cuanto antes en la Secretaría de esta Sociedad, sita en el casino de calle Beatas.

Por acuerdo de la Junta directiva, el Secretario, J. Souvirón.

26 DE DICIEMBRE DE 1868

"El Avisador Malagueño" de esta fecha nos trae la reseña de esta corrida:

En la corrida de novillos que se verificó el sábado por la tarde en el Circo de la Victoria hubo varias desgracias. Dos de los aficionados

Calle Beatas

que lidiaban fueron heridos en cogidas que sufrieron, siendo uno de ellos el Sr. Junquitu, que fue en una ingle.

También llevó un fuerte revolcón otro de los aficionados lidiadores, quedando insultado algunas horas. Mucho sentimos estos percances, y deseamos un completo y pronto alivio a los pacientes.

Creemos que lo sucedido debe servir de lección a los aficionados al toro que hay en esta ciudad, a quienes nos permitiremos aconsejar que se dejen de estos espectáculos, con lo cual ellos y sus familias evitarían eventualidades azarosas y quizás lamentables desgracias.

A más de esto, la mayoría inteligente e ilustrada de esta población, a no dudarlo vería con agrado que los señores que han formado en ella sociedades taurómacas, fundarán academias de ciencias o cualquier otra clase de establecimientos científicos, o centros de instrucción y enseñanza, donde además de tener el espíritu una de sus legítimas expansiones, la inteligencia de su juventud encontraría medios seguros y fáciles con que alcanzar los bienes que proporciona los adelantos y los progresos de la razón en los tiempos modernos.

Como vemos, "El Avisador Malagueño", siempre en contra de las actividades taurinas.

Día 24 de enero de 1869

"La Unión Mercantil", del 24 de enero de 1931 en su apartado "Tal día como hoy".

Se celebró una corrida de novillos en el Circo de la Victoria. Con ganado de don Alejandro Aguado, destinándose los productos a las familias de las víctimas del 1 de enero.

15 de junio de 1869

"El Avisador Malagueño" de esta fecha publicaba:

TOROS.- Ha salido para Córdoba un aficionado de ésta, para comprar los toros que se han de lidiar el domingo 20 del actual, de la acreditada ganadería de D. Rafael José Barbero (de Córdoba), los cuales serán jugados por individuos de las sociedades "Primitiva" y "Verdad".

24 de junio de 1869

"El Avisador Malagueño" de este día avisaba de la lidia:

CORRIDA. Esta tarde se lidiarán seis toretes de muerte en el Circo de la Victoria de una de las más acreditadas ganaderías de Córdoba. Los productos de esta función serán destinados a obras de Beneficencia.

29 DE JUNIO DE 1869

"El Avisador Malagueño" de 29 de junio nos habla del impedimento de celebrar la corrida:

TOROS.- El domingo no pudo verificarse la corrida que estaba anunciada y debía tener lugar en el Circo de la Victoria. El sábado por la noche sólo pudieron ser encerrados tres de aquellos, escapándose los otros tres y las cinco vacas cerriles que las acompañaban como cabestros.

Estos últimos fueron encontrados en la venta de Galwey, camino del Colmenar, y en la tarde del domingo fueron conducidos de nueve a esta ciudad entrando por el paseo de Olletas, pero se escaparon otra vez dirigiéndose por la calle de la Amargura al arroyo de Toquero, en esta segunda huida un toro negro hirió a un caballo que encontró al paso y acometió a un hombre que pudo salvarse subiéndose a un árbol.

Conducidos otra vez por los picadores al paseo de Olletas, se volvieron a escapar tres vacas siendo encontradas dos en Guadalmedina y no habiendo dado con el paradero de la otra que se marchó por detrás del Campo Santo. También se escapó otro toro negro que en la mañana de ayer no había sido encontrado.

Los hechos que dejamos referidos dieron lugar el domingo a los sustos y sobresaltos que eran consiguientes.

Nos parece en primer término que no fue oportuno intentar el encierro valiéndose de vacas cerriles, y además altamente inconveniente que se quisiera hacer de día y más por sitios que en los domingos por la tarde están sumamente concurridos.

Fuente de Olletas

Nota.- Quiero dejar constancia que en este año de 1869, no se conservan en los archivos consultados, los periódicos del 2º semestre del citado año, y tampoco están disponibles digitalmente los del primer trimestre, por tanto es un año escaso de noticias. Lamentamos estas lagunas.

No obstante, reitero mi agradecimiento al Archivo Díaz de Escovar, donde se encuentran bien conservados estos años de "El Avisador Malagueño", sin cuya ayuda no hubiese podido realizarse este trabajo.

AÑO 1870

6 DE MARZO DE 1870

"El Avisador Malagueño" de este día publica una función:

CIRCO DE LA VICTORIA

Última y extraordinaria función para el domingo 6 de marzo (si el tiempo lo permite) por la compañía del gran Teatro y Circo de Madrid, bajo la dirección de R. Díaz y A. Price.

Se ejecutarán dificilísimos y peligrosos ejercicios ecuestres y gimnásticos, concluyendo con la grandiosa pantomima de gran espectáculo titulada:

GARIBALDI EN SICILIA

en la que tomarán parte más de 150 personas

Entrada general, 3 reales

A las tres y media en punto.

8 DE MARZO DE 1870

"El Avisador Malagueño" se encargaba de la corta reseña.

CIRCO.- La función dada por la compañía ecuestre en el Circo de la Victoria en la tarde del domingo, estuvo muy concurrida.

El periodista no se complicó la vida al dar las noticias de este espectáculo.

13 DE MARZO DE 1870

"El Avisador Malagueño" de este día anunciaba:

CIRCO.- Esta tarde dará su última función en el Circo de la Victoria, la compañía ecuestre y gimnástica de Míster Price. Se ejecutarán variados y difíciles ejercicios y la pantomima Garibaldi en Sicilia.

Málaga vista desde los montes (Archivo Diaz de Escovar)

15 DE MARZO DE 1870

"El Avisador Malagueño" de esta fecha se hace eco de la noticia.

CIRCO.- Anteayer por la tarde tuvo lugar en el Circo de la Victoria la función que había anunciado la compañía ecuestre gimnástica de Míster Price. En varios de los difíciles ejercicios que fueron ejecutados demostraron dichos artistas su destreza y agilidad.

La concurrencia fue tan numerosa, que hubo que devolver gran número de localidades. Bueno será que se ponga en otra función algún orden en las sillas que debieran estar numeradas evitándose así las ocupasen los que se presentan.

2 DE ABRIL DE 1870

"El Avisador Malagueño" de este día nos habla de una función benéfica.

BENEFICIO.- Anteayer tarde tuvo lugar con una concurrencia muy regular en el Circo de la Victoria, una función a beneficio de los artistas Mr. Price y Sr. Enrique Díaz, los cuales ejecutaron con suma perfección los difíciles ejercicios anunciados en el programa, siendo muy aplaudidos. En el gran salto del tonel el beneficiado Sr. Díaz tuvo la desgracia de herirse en la cabeza con los arcos que tenía preparados, y a pesar de sus deseos el público no le permitió continuar.

Ejemplar comportamiento de nuestros paisanos.

23 DE ABRIL DE 1870

"El Avisador Malagueño" anunciaba otra función de novillos:

CIRCO.- Parece que mañana tendrá lugar una segunda función de novillos en el Circo de la Victoria, en la que lidiará la diestra Sra. Berricoechea. Esta función se amenizará con el espectáculo de aves domesticadas que hacen varias habilidades, rifándose por último un novillo.

24 DE ABRIL DE 1870

"El Avisador Malagueño" hablaba de la actuación de un artista:

ARTISTA.- El prestidigitador y bailarín cómico D. Manuel Donato, cuya llegada anunciamos ayer, no trabajará en el Teatro Principal, pero parece que lo hará esta tarde en el Circo de la Victoria.

****

CIRCO DE LA VICTORIA

Grande y extraordinaria función para hoy domingo 24, si el tiempo lo permite, en la que toman parte varios artistas de la compañía de Míster Price, los cuales acaban de llegar expresamente, para tomar parte con sus notables trabajos en esta función.

PROGRAMA

1º.- Sinfonía.

2º.- Por el aplaudido y joven Anselmo, artista de la gran compañía del Teatro y Circo de Madrid, de Míster. Price, se ejecutará el

BAMBÚ AÉREO

3º.- Por el intrépido y arrojado artista signor Torres, de la compañía de Míster Price, ex pensionado del Hipódromo de París, ejecutará

GRANDES EQUILIBRIOS

4º.- Se presentará el señor Donato, y ejecutará, sirviéndose de sus dos piernas, el Garibaldino (paso doble militar).

5º.- El artista Sr. Anguera, de la compañía de Price ejecutará

EL TRAPECIO AÉREO

6º.- Intermedio por los aplaudidos clowns de la compañía.

7º.- El Sr. Donato ejecutará el Baile fantástico. A dicho señor se le cortará delante del público UNA PIERNA, la cual se pondrá contra una mesa mientras ejecuta, con la otra, difíciles bailes, siendo el non-plus-ultra de esta nueva invención.

8º.- Se correrán por los aficionados que gusten tres reses bravas.

9º.- Dificilísimo ejercicio de la cuerda floja, finalizando con el molinete incendiado representante del DIOS FUEGO, por el signor Torres.

PRECIOS.- Palcos 20 reales – Sillas de galería, 4 rs. – Entrada general, 3 reales.

La plaza se abrirá a las dos y media, y la función empezará a las cuatro.

26 DE ABRIL DE 1870

La reseña de esta función nos la trae "El Avisador Malagueño" de este día.

CIRCO.- En la función dada el domingo en el Circo de la Victoria, hubo bastante concurrencia.

¡Lástima de reseña, que sólo hace mención a la concurrencia, y ni una sola palabra de la actuación de los artistas!

No encuentro otros periódicos de este tiempo.

30 DE ABRIL DE 1870

"El Avisador Malagueño" de esta fecha publicaba:

NOVILLOS.- Tenemos entendido que se ha contratado la plaza del Circo de la Victoria, para dar dos corridas de novillos en los días 12 y 16 de junio.

1 DE MAYO DE 1870

"El Avisador Malagueño" nos anuncia otro espectáculo gimnástico.

CIRCO DE LA VICTORIA

Grande y extraordinaria función de evoluciones atletas, ejercicios aéreos, equilibrios y fuerzas de Hércules, para el domingo 1º de mayo de 1870.

ORDEN DE LA FUNCIÓN

1º.- Sinfonía por la banda de música.

2º.- Grandes adelantos, volados por los nunca bien ponderados saltarines de la compañía.

3º.- Satanás en Miniatura, por el aplaudido Hombre-diablo.

4º.- Equilibrios Japoneses, por los hermanos Frascara.

5º.- Grandes fuerzas a las fraguas de Vulcano, por Hércules o sea el hombre de bronce.

6º.- La Caña aérea, o sea los difíciles trabajos del Bambú.

7º.- Los Árabes del siglo XIX, por los dos romanos.

8º.- Intermedio por los chistosos clowns.

9º.- Las Cuerdas lisas, en lo más alto de la Plaza, con la Bajada aérea, por Míster Tamayo.

10º.- Gran baile diabólico por Madame Deli y Míster Pliegue, titulado

EL CAN – CAN INGLÉS

11º.- El joven Alfonso ejecutará por primera vez en esta población (a imitación de Buslay) la ascensión y descendimiento de la Montaña Rusa, sobre un tonel.

12º.- Dará fin esta función con la divertida pantomima titulada, un Ranchero en campaña, ejecutada por toda la compañía, quedando el Ranchero, después de la batalla, dueño del campo enemigo.

PRECIOS.- Palcos dobles, 20 reales – id. sencillos, 12 – Vallas de redondel, 2 reales – id. de galería, 2 rs. – Entrada general, 2 reales – Media, 1 real.

La plaza se abrirá a las dos y media y la función empezará a las cuatro.

8 DE MAYO DE 1870

"El Avisador Malagueño" de 8 de mayo anunciaba otra función:

CIRCO DE LA VICTORIA

Grande y extraordinaria función para el domingo 8 de mayo de 1870.

ORDEN DE LA FUNCIÓN

1º.- Sinfonía.

2º.- Recreos del Serrayo, por varios artistas de la compañía.

3º.- Ejercicios gimnásticos, a todo columpio.

4º.- El hombre sin huso, por el hombre diabólico.

5º.- Ascensión y descendimiento de la montaña rusa, por Sr. Alfonso.

6º.- La columna de hierro, por el intrépido artista Sr. Torres.

7º.- Intermedio por los chistosos clowns.

8º.- La maravilla del Siglo, o sean equilibrios aéreos, por el aplaudido artista Sr. Anguera.

9º.- Se bailará el can–can por la Srta. Rufina y su pareja.

10º.- El ruedo humano, o sea, el salto del Río, ejecutado por el simpático y aplaudido joven artista Sr. Tamayo, de extremo a extremo de la plaza.

11º.- Dando fin con la divertida pantomima de gran aparato titulada La Toma de Granada, o el triunfo del Ave-María, o sea el Garcilaso de la Vega.

PRECIOS.- Palcos dobles, 20 reales – Id. sencillos, 12 – Sillas de redondel, 2 rs. – id. de galería 2 reales.

Entrada general, 2 reales – Media, 1 real.

La plaza se abrirá a las dos y media y la función empieza a las cuatro.

15 DE MAYO 1870

"El Avisador Malagueño" nos avisa de la llegada de una compañía gimnástica.

COMPAÑÍA. Ha llegado a esta ciudad y probablemente inaugura sus ejercicios el día 22 en el Circo de la Victoria, la compañía gimnástica que dirige D. Tomás Teresa.

22 DE MAYO DE 1870

"El Avisador Malagueño" de esta fecha nos anuncia el espectáculo de la citada compañía gimnástica:

CIRCO DE LA VICTORIA

Extraordinario y sorprendente espectáculo por la célebre y acreditada compañía de acróbatas madrileños, compuesta de 20 artistas de ambos sexos, bajo la dirección de D. Tomás Teresa, para el domingo 22 de mayo de 1870 (si el tiempo lo permite).

Amenizará la función con escogidas piezas de música, la banda del Regimiento de Infantería de Iberia.

PROGRAMA

1º.- Sinfonía por la banda de música Iberia.

2º.- LOS RECREOS ASIÁTICOS, por siete artistas en lo que se distinguirá con variedad de evoluciones del mayor mérito de la niña Ascensión, de edad de cuatro años.

3º.- LA ESCUELA DE LOS GIMNASTAS. Extraordinario trabajo aéreo-gimnásticos por los hermanos Teresa, los que ejecutarán la bonita y difícil suerte no vista en esta Capital

DEL GRAN TURBILLÓN O SEA DOS EN UNO

4º.- ACROPEDESKE. Evoluciones pedestres por el Sr. Tomás.

5º.- LA PERCHA MONSTRUO de 40 pies de elevación sostenida por el Sr. Velázquez y trabajada por el joven Mauri.

6º.- LA DESPEDIDA DEL CLOWN, graciosa y divertida escena de transformación por el Sr. Rodríguez.

7º.- LOS VOLÚMENES EGIPCIOS Y LAS ESCALERAS EN MOVIMIENTO, por los señores González y Marcos, los señores Tomás, Agustín, Manuel, Alberto, Marcelino, Sebastián, José, Emilio y el niño Antonio.

8º.- Los juegos asiáticos e icarios, ejercicios de la mayor dificultad y únicos en su clase, por el director, el joven Antonio y la niña Ascensión.

9º.- LAS TORTURAS EQUILIBRADAS, por la Sra. Justa.

10º.- Terminará la función con el bonito baile grotesco titulado:

UNA FIESTA EN PEKIN

Por siete artistas.

En uno de los intermedios, el director Sr. Teresa demostrará su habilidad ejecutando varias maniobras y carreras en el difícil manejo del VELOCIPEDO de dos ruedas (sistema Triac).

PRECIOS.- Palcos dobles, 30 reales – id. sencillos, 20 – Sillas de redondel, 3 – id. de galería, 2 – id. de Terradillo, 2.- Entrada general, 2 reales – Media entrada para niños y soldados sin graduación, un real.

Las puertas de la plaza se abrirán a las dos y media y la función empezará a las cuatro en punto.

25 DE MAYO DE 1870

"El Avisador Malagueño" de este día nos avisa de la segunda función:

CIRCO.- Mañana a la tarde tendrá lugar la segunda función de las que en el Circo de la Victoria va a dar la compañía acrobática que dirige D. Tomás Teresa. Los ejercicios serán gimnásticos y pantomímicos.

28 DE MAYO DE 1870

"El Avisador Malagueño" nos da la reseña correspondiente:

CIRCO.- El jueves por la tarde tuvo lugar en el Circo de la Victoria la función anunciada por la compañía acróbata que dirige el Sr. Teresa. Los ejercicios que llamaron más la atención fueron El Triángulo gimnástico, Los juegos asiáticos e icarios y Los marinos náufragos, siendo muy aplaudidos por el público.

29 DE MAYO DE 1870

"El Avisador Malagueño" avisa de otra función:

CIRCO DE LA VICTORIA

Extraordinario y sorprendente espectáculo por la célebre y acreditada compañía de acróbatas madrileños, compuesta de 20 artistas de ambos sexos, bajo la dirección de D. Tomás Teresa, para hoy domingo 29 de mayo de 1870 (si el tiempo lo permite) compuesta de los más bellos y variados ejercicios gimnásticos, acrobáticos y pantomímicos.

PROGRAMA

Sinfonía por la banda del regimiento infantería Iberia.
El pasa-ríos gimnástico o el vuelo de Mercurio.
La tranca española.
Los estudios académicos y variedad de equilibrios del mayor mérito.
Un concierto, intermedio de graciosos.
Las maravillas gimnásticas.
Los juegos japoneses.
La vaca elástica.
El baile grotesco. La diversión de Bagá o los chinos diabólicos.
Entrada general, 2 reales.
Las puestas de la plaza se abrirán a las tres y la función empezará a las cuatro y media.

31 DE MAYO DE 1870

"El Avisador Malagueño" de este día nos habla del espectáculo:

Málaga. Las playas de San Andrés (Archivo Díaz de Escovar)

ESPECTÁCULOS.- El domingo por la tarde estuvo bastante concurrido el Circo de la Victoria, donde trabajó la compañía gimnástica acrobática que dirige el Sr. Teresa, siendo aplaudidos los individuos que tomaron parte en los ejercicios anunciados en el programa.

19 DE JULIO DE 1870

"El Avisador Malagueño" anunciaba una posible corrida.

CORRIDA.- Parece que hay el pensamiento de dar una corrida de novillos en el Circo de la Victoria el día 25 de este mes, para el cual se están haciendo las obras necesarias.

¿Sería estas obras las que impidieron que se celebraran espectáculos en los meses anteriores?

23 DE JULIO DE 1870

"El Avisador Malagueño" de esta fecha nos anuncia una función benéfica.

CIRCO DE LA VICTORIA

Extraordinaria función a beneficio de varias personas desgraciadas, y bajo la dirección del acreditado y entendido profesor de Gimnasia el fenómeno enano y su familia.

En la que tomarán parte varios lidiadores y dos picadores. Para el domingo 24 de julio de 1870.

ORDEN DE LA FUNCIÓN

Sinfonía.

Ejercicios acrobáticos, por el fenómeno enano.

El joven Enrique Blasco, ejecutará varios ejercicios, arrojos y volteos de todas clases, ejecutados por primera vez en esta capital; en los equilibrios volantes, hará varios cambios disparando dos carabinas a la par.

Intermedio de juegos físico y escamoteo.

Juegos icarios y saltos mortales por los dos hijos del fenómeno.

Se lidiarán

TRES BRAVOS NOVILLOS

Tomando parte también las acreditadas picadoras María Fernández, del Puerto y Francisca Montes, de Jerez. También se presentará el indio José Reyes, y con la maestría que le distingue le dará muerte al último novillo.

El último de los cuales será banderilleado por el enano que irá dentro de una canasta.

Entrada general, 3 reales – Media entrada, 1 y media.

La plaza se abrirá a las tres, y la función dará principio a las 5 en punto de la tarde.

26 DE JULIO DE 1870

"El Avisador Malagueño" nos da la reseña del espectáculo:

ESPECTÁCULO.- En el que tuvo lugar el domingo por la tarde en el Circo de la Victoria, hubo bastante concurrencia.

Lamento que las noticias sean tan parcas. "El Avisador Malagueño" siempre se ha manifestado contrario a los espectáculos taurinos.

14 DE AGOSTO DE 1870

"El Avisador Malagueño" nos avisa este día de una corrida benéfica.

CIRCO DE LA VICTORIA
LOS AMIGOS DE LOS POBRES

Gran corrida de toretes de muerte, para el día 15 de agosto, cuyos productos se destinan al socorro de los pobres, en la forma que previene el reglamento de dicha sociedad.

Se lidiarán seis toretes de la acreditada ganadería de D. Rafael José Barbero, de Córdoba, cuya reseña es la siguiente:

1º.- Granadino, berrendo en negro, bien puesto, 3 años.

2º.- Herrador, negro entrecano, bien puesto, 3 años.

3º.- Cartero, castaño, bocirubio, achispado por detrás, bien armado, 3 años.

4º.- Redondo, retinto, lucero, girón corni-corto, 3 años.

5º.- Guindaleto, dorado en colorado, ustifino, 3 años.

6º.- Doraíto, berrendo en negro, bien puesto, 3 años.

Una visión particular de Málaga en el año 1773
(Archivo Díaz de Escovar)

Los cuáles serán lidiados por los distinguidos aficionados de las sociedades taurinas de esta capital.

La llave del chiquero será pedida por un señor socio.

PRECIOS.- Palcos, 100 reales – Sillas de escenario, fila primera, 20 – id. fila segunda, 10 – Sillas de galería, 8 – id. de Terradillo, 8 – Vallas, 4.

Entrada general, 10 reales – Media id. 5.

La plaza se abrirá a las dos y la corrida empezará a las cuatro en punto.

16 DE AGOSTO DE 1870

"El Avisador Malagueño" de esta fecha nos da la reseña de la elección del Directorio del Partido Republicano.

GACETILLA. Directorio. El domingo tuvo lugar en el Circo de la Victoria, según estaba anunciado, la elección del Directorio del Partido Republicano de esta ciudad. Fueron reelegidos presidentes honorario y efectivo los señores Palanca y Segura, y elegidos vice-presidentes honorario y efectivo los señores Romero y Solier. Los vocales fueron reelegidos en su casi totalidad.

17 DE AGOSTO DE 1870

"El Avisador Malagueño", de esta fecha, nos habla de una corrida.

CORRIDA.- El lunes por la tarde tuvo lugar en el Circo de la Victoria la corrida de toretes de muerte, que anunciamos oportunamente. Como teníamos dicho esta corrida fue dada por la sociedad "Amigos de los Pobres", siendo lidiado el ganado por individuos de la misma sociedad y que pertenecieron a las taurinas "Primitiva" y la "Verdad".

La plaza estaba presidida por una comisión de Señoritas, y la banda de música del regimiento de infantería de Iberia, cedida galantemente para este objeto, amenizó el acto.

Los nombres de los seis toretes lidiados eran Granero, Herrador, Cartero, Redondo, Guindaleto y Doraíto, teniendo todos la edad de tres años. El primero tomó veinte varas e hirió dos caballos, el segundo y tercero tomaron respectivamente once varas, el cuarto diez y ocho, el quinto cuatro, y el sexto seis.

La presidencia obsequió a los toreros con dulces y flores, y el público los aplaudió merecidamente. La plaza estaba muy concurrida y adornada con banderas y gallardetes.

18 DE AGOSTO DE 1870

"El Avisador Malagueño" de este día nos anuncia otro espectáculo.

ESPECTÁCULO. El domingo próximo tendrá lugar en el Circo de la Victoria, la primera representación de la compañía gimnástica que dirige D. Nicolás Camús.

21 DE AGOSTO DE 1870

"El Avisador Malagueño" de esta fecha nos lo recuerda.

CIRCO DE LA VICTORIA

Grande y extraordinaria función por la acreditada compañía de acróbatas gimnastas, bajo la dirección de los señores D. Juan Milá y D. Nicolás Camús, conocido por el blondín catalán.

Para hoy domingo (si el tiempo lo permite)

Sinfonía.

Grandes juegos icarios por el Sr. Venus y la señorita Antonia Manuela, Josefina, Carolina, y la niña Rosalía.

La moderna barra aérea, por el niño Mata.

Sorprendentes equilibrios japoneses, ejecutados por D. Francisco Venus.

Las maravillas de los tres trapecios, o el hombre pájaro, por don Juan Milá.

El doble trapecio, por el Sr. Venus y su hija Antonia.

Grupos y dislocaciones, por toda la familia de don Francisco Venus.

Difíciles y arriesgados ejercicios sobre el alambre de media pulgada, a la altura de la plaza, por el reputado artista don Nicolás Camús.

Entrada general, 3 reales – Media entrada 1 y medio.

La plaza se abrirá a las dos y la función empezará a las cuatro.

23 DE AGOSTO DE 1870

"El Avisador Malagueño" nos da la reseña del espectáculo.

ESPECTÁCULO.- El domingo por la tarde tuvo lugar en el Circo de la Victoria la primera función de las que tiene anunciadas en esta su segunda temporada de estancia en esta capital, darán los artistas Sres. Camús y Milá.

La concurrencia fue muy regular, y los individuos de la compañía dieron a conocer de nuevo la habilidad con que desempeñan sus ejercicios.

4 DE SEPTIEMBRE DE 1870

"El Avisador Malagueño" de 4 de septiembre de 1870 anuncia otra función de la misma compañía.

CIRCO DE LA VICTORIA

Última y definitiva función por la acreditada compañía de acróbatas gimnastas bajo la dirección de los señores Milá y Camús, para el domingo 4 de septiembre de 1870 (si el tiempo lo permite).

Sinfonía.

Grandes juegos icarios, por el Sr. Venus y las señoritas Antonia, Manuela y la niña Josefina y la niña Rosalía, de tres años de edad.

La bola esférica, bailada sobre las plantas de los pies al compás de la música, por el Sr. D. Francisco, dando fin con el molino del relámpago.

Las maravillas de los tres trapecios, por el Sr. Milá.

Escena cómica bufa, por el clown de la compañía y dos discípulos de esta población.

Difíciles trabajos del Sr. Camús, sobre el alambre de media pulgada a la altura de la plaza.

Grandes saltos beduinos, piruetas y saltos mortales, por el Sr. Milá y su hijo de 8 años de edad.

El pasa-ríos del Misisipi, por el señor Venus.

La gran pantomima titulada, el Arlequín esqueleto, tomando parte todos los artistas de la compañía.

Entrada general, 3 reales.

A las cuatro y media.

DÍA 8 DE SEPTIEMBRE DE 1870

"El Avisador Malagueño" nos anuncia una corrida de novillos.

Esta tarde tendrá lugar en el Circo de la Victoria una corrida de novillos, trabajando en ella Rafael Molina, de Córdoba.

¿Sería el gran Lagartijo?, no he localizado la prensa que lo confirme.

11 DE SEPTIEMBRE DE 1870

"El Avisador Malagueño" de esta fecha recordaba la corrida para ese día.

CIRCO DE LA VICTORIA

Con el correspondiente permiso y si el tiempo no lo impide, se verificará una corrida de SEIS BRAVOS NOVILLOS, DOS DE

MUERTE, en la tarde de hoy domingo 11 de septiembre, siendo los dos últimos banderilleados y muertos por los espadas.

Dichos novillos pertenecen a las acreditadas ganaderías de las Sierras de Úbeda y condado de Niebla, y los hay de tres, cuatro y cinco años.

La plaza se abrirá a las dos y la función empezará a las cuatro y media. Una banda de música amenizará los intermedios.

PRECIOS.- Palcos dobles, 30 reales – id. sencillos, 20 – Vallas 4 reales – Sillas de galería, 4 – id. de escenario 4 reales.

Entrada general, 4 reales – Media entrada 4 reales.

El ganado estará de manifiesto en el corral del Circo hasta las nueve de la mañana.

La prensa de los días siguientes informaba de fuertes lluvias e inundaciones en la ciudad, por lo que probablemente se suspendería esta novillada.

18 DE SEPTIEMBRE DE 1870

"El Avisador Malagueño" nos anuncia una última función de acróbatas y gimnastas.

CIRCO DE LA VICTORIA

Última función por la compañía de acróbatas y gimnastas, bajo la dirección del Sr. Venus, para hoy domingo, 18.

Sinfonía.

Juegos asiáticos por las Srtas. Antonia, Pepita, Rosalía y el Sr. Venus.

Grandes equilibrios incomprensibles por el Sr. Mauri.

Las fraguas de Vulcano, por el Sr. Venus.

El doble trapecio, por el Sr. Venus y su hija Antonia.

Rifa a presencia del público, de un magnífico corte de vestido para señora, un bonito pañuelo de seda para id., una bonita petaca con sus cigarros puros y un precioso manto para señora, entregándose estos objetos en el acto a la persona agraciada.

El columpio de los árabes por los señores Venus y Mauri.

Los hermanos transparentes por la Srta. Manuela y la niña Josefina.

Los grandes saltos mortales y otros varios ejercicios, por el Sr. Mauri.

Los tres hermanos rivales, por Antonia, Manuela y Josefina.

Finalizando con la ascensión de un globo MONTGOLFIER, si el tiempo no lo impide.

Entrada general, con un número para la rifa, 3 reales.

A las cuatro y media.

25 DE SEPTIEMBRE DE 1870

El "El Avisador Malagueño" de esta fecha nos recuerda la función para ese día.

CIRCO DE LA VICTORIA

Variada función por la acreditada compañía de acróbatas gimnastas, bajo la dirección de D. Francisco Venus, para hoy domingo 25 de septiembre, en la que habrá además dos bravos novillos de capeo, por los aplaudidos espadas Álvaro Navarro, Joaquín Manganote y Antonio Gutiérrez, banderillero.

Entrada general, 3 reales – Media entrada uno y medio.

A las cuatro y media.

29 DE SEPTIEMBRE DE 1870

"El Avisador Malagueño" de esta fecha publica un anuncio de una corrida.

CIRCO DE LA VICTORIA

Para el domingo 2 de octubre de 1870, con superior permiso y si el tiempo no lo impide, se verificará una gran corrida de seis Novillos de muerte de 4 a 5 años, tres de la acreditada ganadería de la Sra. Vda. De Varela, de 5 años y tres de 4 años de D. José González de la Vega, provincia de Cádiz, los cuales llevarán divisas de sus dueños, para que los aficionados puedan juzgar ambas ganaderías.

El ganado se halla pastando en las albinas de San Julián, cerca de Torremolinos, para los aficionados que puedan verlos.

Los carteles y programas darán los pormenores de la cuadrilla, que se están contratando para la corrida.

Las localidades se expenderán con tres días de anticipación en la calle de Compañía, Platería de Narváez y en la calle de Granada en la barbería de Juan Camacho, al lado del café sin techo.

Este cartel se repite con el publicado el 1 de octubre de 1870, e incluyo el complemento:

Espada.- Álvaro Navarro, de Jerez, con su lucida cuadrilla de banderilleros.

La plaza se abrirá a las dos y la función empezará a las cuatro. Una banda de música amenizará el espectáculo.

Precios.- Palcos dobles, 30 reales – Id. sencillos, 20 – Vallas, 4 – Sillas de escenario, 4 – id. de galería, 4 – Entrada general, 4 reales – Media entrada, 2 reales.

También "El Avisador Malagueño", del 2 de octubre 1870, lo anunciaba, y esta era la parte que no aparece en los anuncios anteriores:

CARTEL.- Hallándose en esta capital los reputados picadores José Domínguez (a) Brazo Fuerte, de Sevilla y José Golderos, de Madrid, la empresa ha dispuesto se piquen los novillos de muerte, habiendo cuatro caballos; muertos estos, no tendrá derecho el público a pedir más.

*Balcones del Palacio del siglo XVIII construido por D. Félix Solecio
(calle Granada) (Archivo Díaz de Escovar)*

4 DE OCTUBRE DE 1870

"El Avisador Malagueño" de 4 de octubre.

La prensa de esta fecha publicaba grandes precipitaciones en estos días, por lo que es de suponer se suspendería la función taurina del día 2 de octubre. ¡No tenían suerte las funciones taurómacas!

9 DE OCTUBRE DE 1870

"El Avisador Malagueño" anunciaba otra función de acróbatas.

CIRCO DE LA VICTORIA

Extraordinaria función para hoy domingo, por la compañía de acróbatas gimnastas bajo la dirección del Sr. Venus.

A beneficio de la reputada artista Antonia Venus.

Se rifarán seis magníficos regalos, y si el tiempo no lo impide se efectuará la ascensión de un vistoso

GLOBO MONTGOLFIER

Entrada general, 3 reales - A las cuatro.

No se ha localizado la verificación de este evento.

15 DE DICIEMBRE DE 1870

Otro anuncio de compañía gimnástica publica "El Avisador Malagueño" de esta fecha.

Circo zoológico de Madrid
situado en el
CIRCO DE LA VICTORIA

Acaba de llegar a esta capital la compañía que dirige Mr. Laccussón, la cual se compone de 20 artistas de ambos sexos, y 35 animales cuadrúpedos, cuadrumanos, herbívoros, caballos, clowns, etc. etc. Dicha compañía presentará difíciles trabajos de diferentes géneros nunca vistos en esta capital, empezando a funcionar el domingo 18 de diciembre.

20 DE DICIEMBRE DE 1870

"El Avisador Malagueño" publica sobre la inauguración del Teatro Cervantes.

Aunque se sale del trabajo de la historia del Circo de la Victoria, no quiero dejar pasar la ocasión de comentar la inauguración del Teatro Cervantes, efectuada el 18 de diciembre de 1870.

Esto era resumido lo que comentaba la prensa del 20 de diciembre:

"Teatro Cervantes.- Anteayer tuvo lugar la inauguración de este nuevo teatro: La concurrencia era numerosísima y el magnífico edificio presentaba un buen golpe de vista por sus bellos adornos y buenas proporciones. El alumbrado que es profuso es, sin embargo, insuficiente, porque los fondos de los palcos y plateas son de color rojo oscuro que en vez de reflejar los rayos luminosos los absorben en gran cantidad, perdiéndose por esto una gran parte de luz.

Sobre las condiciones acústicas del espacioso local no nos atrevemos a hablar todavía.

Desde los primeros momentos se llamó al palco escénico al arquitecto Sr. Gerónimo Cuervo y al pintor Sr. Ferrándiz, para tributarles

Teatro Cervantes de Málaga

D. Gerónimo Cuervo

las gracias por el acierto con que han llevado a cabo sus respectivas empresas. Les damos las más cumplidas enhorabuena".

****

El arquitecto Gerónimo Cuervo, que también realizó los adornos del edificio, empezó la construcción en 1869 y se inauguró el 18 de diciembre de 1870.

El Teatro Cervantes se construyó tras la destrucción en un incendio del Teatro Príncipe Alfonso, que era como se denominaba el antiguo Teatro de la Merced.

El patio de butacas se encuentra cubierto con un lienzo pintado al óleo en 1870, por Bernardo Ferrándiz y sus colaboradores Antonio Muñoz Degrain, Marterino, Larreto, Matarredona, Barco y Pérez, llamado "Alegoría de la Historia, Industria y Comercio de Málaga".

Nuestro Teatro Cervantes, continúa siendo un orgullo para los malagueños ¡Ojalá no se derribe nunca!

25 DE DICIEMBRE DE 1870

"El Avisador Malagueño" de este día anunciaba otro espectáculo gimnástico.

Este periódico anunciaba nuevamente para los días, 25 y 26 de diciembre, la compañía de Mr. Leccussón, al que añado este complemento:

Entrada general, 3 reales.

No encuentro noticias de las actuaciones de esta compañía, aunque aparece anunciada para el día 1 de enero de 1871.

AÑO 1871

1 DE ENERO DE 1871

"El Avisador Malagueño" anunciaba para la tarde del domingo ese espectáculo.

Circo zoológico de Paris
situado en el
CIRCO DE LA VICTORIA

Extraordinaria compañía que dirige Mr. Lecussón, la cual se compone de 20 artistas de ambos sexos, y 35 animales cuadrúpedos, herbívoros, caballos clown, etc. etc., presentarán difíciles trabajos de diferentes géneros, en la tarde del domingo.

Entrada general, 3 reales.

No encuentro referencia de este espectáculo, pero aparece anunciada esta compañía en el "Avisador Malagueño", del 6 de enero de 1871, con la sola variación del precio de las entradas, que de 3 reales, baja a 2 reales.

8 DE ENERO DE 1871

"El Avisador Malagueño". El día 8, domingo, nos lo recuerda este periódico.

CIRCO DE LA VICTORIA

Gran función para hoy domingo, por la compañía ecuestre, gimnasta y zoológica.

En ella tomará parte toda la compañía, y concluirá con una sorprendente pantomima.

Entrada general, 2 reales.

La plaza se abrirá a las dos, empezando a las tres.

En el "Avisador Malagueño", del 22 de enero de 1871, se vuelve anunciar esta compañía, con idéntico precio y horarios.

5 DE FEBRERO DE 1871

El Avisador Malagueño" nos reseña la función que se celebró unos días antes.

La función verificada el jueves por la tarde en el Circo de la Victoria estuvo poco animada, contribuyendo sin duda a ello lo desapacible del tiempo.

Por el "Avisador Malagueño", del día 12 de febrero de 1871, compruebo que esta compañía ecuestre gimnasta y zoológica, vuelve a anunciarse para la mencionada fecha.

19 DE FEBRERO DE 1871

Este día anuncia "El Avisador Malagueño" las funciones de esta compañía gimnástica para varios días, coincidiendo con el carnaval.

CIRCO DE LA VICTORIA

Grandes y variadas funciones para el domingo, lunes y martes, días de carnaval, por la compañía ecuestre, gimnasta y zoológica.

En ella tomarán parte toda la compañía, y concluirá con una sorprendente pantomima.

Entrada general, 2 reales.

La plaza se abrirá a la una, empezando a las dos.

Deseosa la empresa que ha tomado a su cargo estas tres funciones, de proporcionar a este ilustrado público horas de regocijo ha acordado amenizarlo con un gran baile

DE MÁSCARAS

En cada intermedio: al efecto dos bandas de música tocarán piezas escogidas.

Vista de la entrada al Paseo de la Alameda por la parte del Guadalmedina (Archivo Díaz de Escovar)

25 DE FEBRERO DE 1871

La última función nos la anuncia "El Avisador Malagueño" de esta fecha.

CIRCO DE LA VICTORIA

Última y definitiva función para el domingo, por la compañía ecuestre gimnasta y zoológica.

En esta tomarán parte toda la compañía, y concluirá con una sorprendente pantomima.

Entrada general, 2 reales - A las tres de la tarde.

5 DE MARZO DE 1871

"El Avisador Malagueño", en este día, nos habla de la competencia de los espectáculos gimnásticos que habían llegado a Málaga.

CIRCO DE LA VICTORIA

Habiéndose entablado una competencia entre los artistas de Mr. Lecussón y los artistas españoles que han llegado a esta capital, se prepara para el domingo una gran función, compuesta de artistas prusianos, franceses y españoles, disputándose entre ellos un diploma que será firmado por todos y legalizado por el director de la compañía.

Habrá regalos de corte de pantalón y chalecos de lana.

Entrada general, 2 reales.

El programa dará más pormenores.

12 DE MARZO DE 1871

"El Avisador Malagueño" publica este día el anuncio de una variada función.

CIRCO DE LA VICTORIA

El domingo a las tres y media de la tarde, si el tiempo lo permite, tendrá efecto una variada función compuesta de trabajos ecuestres, gimnasia, colección de fieras y capeo de dos reses bravas por el joven Tomás Monje (a) el Pata, de edad de 13 años y varios aficionados.[5]

Para amenizar más la función habrá una cucaña en medio del redondel, y al que consiga tocar la bandera se le regalará un corte de pantalón de lana dulce.

Para los que asistan a la función obtengan alguna gracia, se verificará una rifa de varios objetos.

Entrada con número para la rifa, 2 reales.

---

[5] MONJE (TOMÁS), EL Pata. Matador de novillos, nacido en Málaga. Toreaba hacia el año 1880, y no pasó de ser una medianía. Su pequeña estatura no le favoreció para el lucimiento.

"Los Toros", tomo III, pág.623, de D. José Mª de Cossío.

14 DE MARZO DE 1871

"El Avisador Malagueño" de este día comenta un incidente entre los espectadores.

La Guardia civil del puesto de esta ciudad detuvo anteayer en la cárcel a un individuo, que en el Circo de la Victoria había golpeado y amenazado con una pistola a otro de los concurrentes a la función que tuvo lugar en dicha tarde, siendo puesto a disposición del Sr. Gobernador Civil.

El periódico comenta el incidente entre los espectadores, pero no dice nada del resultado de la función del día 12 de marzo.

19 DE MARZO DE 1871

"El Avisador Malagueño" de 19 de marzo anuncia una función variada.

CIRCO DE LA VICTORIA

El domingo, a las tres y media de la tarde, si el tiempo lo permite, tendrá efecto una variada función compuesta de trabajos ecuestres, gimnasia y colección de fieras.

Para amenizar más la función habrá una cucaña en medio del redondel, y el que consiga tocar la bandera se le regalarán dos gallinas y un gallo.

Para los que asistan a la función obtengan alguna gracia, se verificará una rifa de varios objetos.

Entrada con un número para la rifa, 2 reales.

Este anuncio se repite el 25 de marzo de 1871.

25 DE MARZO DE 1871

"El Avisador Malagueño" de este día vuelve a publicar la variada función.

CIRCO DE LA VICTORIA

El domingo, a las tres y media de la tarde, si el tiempo lo permite, tendrá efecto una variada función compuesta de trabajos ecuestres, gimnasia y colección de fieras.

Para amenizar más la función habrá una cucaña en medio del redondel, y al que consiga tocar la bandera se le regalarán dos gallinas y un gallo.

Para los que asistan a la función obtengan alguna gracia, se verificará una rifa de varios objetos.

Entrada con un número para la rifa, 2 reales.

Según telegrama de Burdeos, llegará a esta ciudad madeimoselle Clotilde, Bresnier y otros artistas ecuestres para funcionar en este Circo; dichos artistas, llegan a esta capital el viernes 24 en el tren correo.

2 DE ABRIL DE 1871

"El Avisador Malagueño" anuncia un espectáculo.

CIRCO DE LA VICTORIA

Hallándose en esta población de paso para Sevilla la compañía ecuestre donde figuran madeimoselle Clotilde, Bresnier, y otros artistas de reputación se detendrán a petición de varias personas, para dar una función donde se ejecutarán extraordinarios trabajos de reconocido mérito, el domingo 2 de abril, a las tres y media de la tarde.

Entrada general, 3 reales.

20 DE ABRIL DE 1871

"El Avisador Malagueño" de este día anuncia otra función gimnástica a beneficio de los pobres.

El domingo se verificará una gran función en el Circo de la Victoria por la compañía de acróbatas gimnastas que dirige D. Juan Milá, siendo una parte de los productos para la sociedad "Amigos de los Pobres".

30 DE ABRIL DE 1871

"El Avisador Malagueño" de este día anuncia una corrida a beneficio de los pobres.

CIRCO DE LA VICTORIA
LOS AMIGOS DE LOS POBRES

Gran corrida de toretes de muerte, para la tarde el día 30 de abril, cuyos productos se destinan a obras benéficas, en la forma que previene el Reglamento de la Sociedad.

La plaza será presidida por una comisión de señoritas.

Se lidiarán seis toretes de la acreditada ganadería de Villaseca, de Córdoba, hoy de la Sra. Marquesa de Ontiveros, cuya reseña es esta:

1º.- Alcucero, negro hito, bien puesto, 3 años.

2º.- Calderero, negro, bien puesto, 3 años.

3º.- Colegial, negro, mogón del derecho, 3 años.

4º.- Palmeño, negro, respipardo, bien puesto, 3 años.

5º.- Zamorano, colorado, bien puesto, 3 años.

6º.- Rayuelo, castaño, bien puesto, 3 años.

Los cuáles serán jugados por distinguidos aficionados de esta ciudad, bajo la dirección del célebre espada, Manuel Domínguez, de Sevilla.

La llave del chiquero será pedida por un señor socio.

Una banda de música amenizará el espectáculo tocando escogidas piezas.

La plaza se abrirá a las dos y la corrida empezará a las cuatro.

Vista del Arco de Granada en la Alcazaba
DE MÁLAGA

PRECIOS. *Palco con 4 entradas, 100 reales – Sillas de escenario, fila 1ª, 20 – Id. fila 2ª, 10 – Id. de galería, 8 – Id. de terradillo, 10 – Vallas, 6 - Entrada general, 10 reales.*

2 DE MAYO DE 1871

El Avisador Malagueño" de este día se hace eco de esta corrida a beneficio de los pobres.

Anteayer tarde tuvo lugar en el Circo de la Victoria la corrida de toretes que tenía anunciada la Sociedad filantrópica "Amigos de los Pobres" bajo la presidencia de las Sras. De Cruz Meliero y de Ruiz y Srtas. Hijas de ambas, dando principio a las cuatro con la dirección del célebre diestro Manuel Domínguez, cuya maestría en el arte, arrojo de los aficionados y bravura de los bichos hicieron ser aquella muy divertida.

Observamos, sin embargo, algunos defectos en la corrida como la de no haber muletas ni puntillero determinado, la de que los burladeros estaban interceptados y ocupados por paisanos y dependientes de la autoridad, hecho que daba ocasión a que los aficionados más de una vez se vieran comprometidos y apelaran a las banderillas; sin duda por haber dejado en la plaza más tiempo que el debido a los primeros toros, quedando el quinto en el redondel y el sexto en el chiquero, lo que motivó que no luciera la fiesta lo que era de esperar y que el público no quedara todo lo satisfecho que era debido.

Tampoco tuvimos el gusto de ver más que una de las diferentes moñas que tenía destinada la Sra. Mediero e hija, porque según nos aseguran el asesor de la presidencia opinó no deben ponerse; por lo demás el público contribuyó a los humanitarios fines de la sociedad, tanto que desde por la mañana estaban vendidas todas las localidades, habiendo habido por consiguiente un lleno completo.

La presidencia dejó altamente complacida a la sociedad, arrojando a los aficionados varias coronas, ramos de flores, elegantes cartuchos de dulces y multitud de tabacos; y la Sra. de Mediero distinguió al diestro Manuel Domínguez, regalándole un magnífico pañuelo. Éste se ha suscrito a una acción para la construcción de la nueva plaza de toros.

1 DE JUNIO DE 1871

"El Avisador Malagueño" nos avisa de la venta de localidades para las corridas del 4 y 5 de junio.

Plaza de toros de Málaga
CIRCO DE LA VICTORIA

Desde el 1º de junio se hallarán a la venta en la Plaza de la Constitución, las localidades correspondientes a las corridas que deben celebrarse los días 4 y 5 del mismo mes.

6 DE JUNIO DE 1871

"El Avisador Malagueño" de esta fecha nos habla de la corrida.

Anteayer promovió escándalo un hombre ebrio en el Circo de la Victoria, siendo detenido por los dependientes de la autoridad

****

Anteayer tarde tuvo lugar la anunciada corrida de toros. La cuadrilla cumplió con su deber, distinguiéndose el primer espada; el ganado fue bueno, particularmente el quinto toro; el servicio de caballos y el de la plaza dejó bastante que desear, en términos que en la lidia del dicho quinto toro hubo momentos que se encontró sólo en el redondel.

La presidencia no estuvo acertada, habiendo podido producir serios conflictos algunas de sus determinaciones, como sucedió al lidiarse el toro sexto, pues correspondiendo darle muerte al segundo espada, sin razón justificada el presidente ordenó lo hiciera el primero, oponiéndose el público, ante cuyas manifestaciones fue revocada la orden, como la que dictara de detener por desobediente al espada segundo. La concurrencia fue escasa.

Lamento que el revistero, omita los nombres de los lidiadores que, aunque aficionados, merecen ser rescatados del olvido, con lo que conseguiría completar más datos y enriquecer este trabajo.

18 DE JUNIO DE 1871

"El Avisador Malagueño" nos anuncia para este día un espectáculo gimnástico.

CIRCO DE LA VICTORIA

Extraordinario espectáculo para hoy domingo (si el tiempo no lo impide). Agilidad, fuerza, equilibrio, destreza, arrojo y audacia humana. Ejercicios gimnásticos, acrobáticos, pantomímicos, bailables, pantomimas, intermedios grotescos y escenas de clowns.

Entrada general, 3 reales.

La plaza de abrirá a las tres, y la función empezará a las cuatro y media.

20 DE JUNIO DE 1871

"El Avisador Malagueño" nos da la reseña de esa función comentada anteriormente.

Anteayer tuvo lugar la anunciada función de ejercicios gimnásticos por la compañía que dirige don Tomás Teresa en el Circo de la Victoria. Los ejercicios ejecutados los fueron con bastante agilidad y destreza, siendo muy aplaudidos del público.

25 DE JUNIO DE 1871

"El Avisador Malagueño" del 25 de junio, anuncia otro espectáculo gimnástico para el domingo.

CIRCO DE LA VICTORIA

Extraordinario espectáculo para el domingo (si el tiempo no lo impide).

Agilidad, fuerza, equilibrio, destreza, arrojo y audacia humana. Ejercicios, gimnásticos, acrobáticos, pantomímicos y coreográficos, bailables, pantomimas, intermedios grotescos y escenas de clowns.

Entrada general, 3 reales.

La plaza se abrirá a las tres, y la función empezará a las cuatro y media.

Esta compañía se vuelve a anunciar el 29 de junio de 1871.

27 DE JUNIO DE 1871

"El Avisador Malagueño" nos da la reseña de la función gimnástica.

El domingo por la tarde y a la hora señalada, tuvo lugar en el Circo de la Victoria la anunciada función de ejercicios gimnásticos acrobáticos por la compañía que dirige D. Tomás Teresa.

Los ejercicios ejecutados fueron verdaderamente extraordinarios, y el público aplaudió a aquellos artistas como exigía la justicia.

El Sr. Teresa se propone aún dar varios espectáculos y recomendamos la asistencia a los mismos.

Plaza de Santa María (Mundo Nuevo)

29 DE JUNIO DE 1871

"El Avisador Malagueño" en este día anuncia para el jueves otro espectáculo gimnástico.

CIRCO DE LA VICTORIA

Extraordinario espectáculo para el jueves (si el tiempo no lo impide). Agilidad, fuerza, equilibrio, destreza y audacia humana. Ejercicios gimnásticos, acrobáticos, pantomímicos y coreográficos, bailables, pantomimas, intermedios grotescos y escenas de clowns.

Entrada general, 3 reales. La plaza se abrirá a las tres y media y la función empezará a las cinco.

1 DE JULIO DE 1871

"El Avisador Malagueño" se hace eco de esta segunda función.

Anteayer tarde tuvo lugar en el Circo de la Victoria una segunda y variada función por la acreditada compañía de acróbatas madrileños bajo la dirección del reputado D. Tomás Teresa, en unión de los célebres artistas ingleses hermanos Onzalos.

Los ejercicios, los recreos orientales, las diversiones de baja, el Molino japonés, la señora Caontchone, trabajo de elasticidad ejecutado por la señora Marco, y el barril aéreo por los hermanos Onzalos, llamaron extraordinariamente la atención del numeroso público, que admiraba la agilidad, destreza, y conocimientos de dichos artistas, aplaudiéndoles en justicia.

El Sr. Teresa se propone, correspondiendo a las simpatías que encuentra la compañía que dirige, en el público malagueño, coordinar otro variado espectáculo.

2 DE JULIO DE 1871

Otra función era anunciada este día por "El Avisador Malagueño".

CIRCO DE LA VICTORIA

Extraordinario espectáculo para hoy domingo (si el tiempo no lo impide).

Agilidad, fuerza, equilibrio, destreza, arrojo y audacia humana. Ejercicios gimnásticos, acrobáticos, pantomímicos y coreográficos, bailables, pantomimas, intermedios grotescos y escenas de clowns.

Entrada general, 4 reales.

La plaza se abrirá a las tres y media y la función empezará a las cinco.

9 DE JULIO DE 1871

Y otra una semana más tarde que la anterior en "El Avisador Malagueño".

CIRCO DE LA VICTORIA

Extraordinaria función para el domingo (si el tiempo no lo impide).

Agilidad, fuerza, equilibrio y destreza, arrojo y audacia humana, ejercicios gimnásticos, acrobáticos, pantomímicos y coreográficos, bailes, pantomimas, intermedios grotescos y escenas de clowns.

Terminará la función con un regalo de 100 reales, al que tenga el número igual al que se extraiga en la misma plaza, a presencia del público.

A cada entrada acompañará un número.

Entrada general, 3 reales.

La plaza se abrirá a las tres y media y la función empezará a las cinco.

11 DE JULIO DE 1871

"El Avisador Malagueño" nos reseña la función gimnástica.

Con una concurrencia mayor que en las tardes anteriores, tuvo lugar en la del domingo la anunciada función en el Circo de la Victoria por la compañía de acróbatas madrileños que dirige D. Tomás Teresa. Los ejercicios fueron variados y difíciles y los artistas aplaudidos en justicia, en especial los hermanos Onzalos, siendo también muy aplaudidas las simpáticas hermanas Venus.

El agraciado con los 100 reales tuvo la generosidad de no tomarlos, lo que fue aplaudido por el público.

Es probable que en vista del lleno que tuvo anteayer el Sr. Teresa y los hermanos Onzalos, se decidan a repetir las destrezas acrobáticas.

16 DE JULIO DE 1871

"El Avisador Malagueño" anuncia en esta fecha otro espectáculo gimnástico.

CIRCO DE LA VICTORIA

Extraordinario espectáculo para el domingo (si el tiempo no lo impide).

Agilidad, fuerza, equilibrio y destreza arrojo y audacia humana, ejercicios gimnásticos, acrobáticos, pantomímicos y coreográficos, bailables, pantomimas, intermedios grotescos y escenas de clowns

Terminará la función con un regalo de 100 reales, al que tenga el número igual al que se extraiga en la misma plaza, a presencia del público.

Entrada general, 2 reales.

La plaza se abrirá a las tres y media y la función empezará a las cinco.

Alameda de Capuchinos

23 DE JULIO DE 1871
"El Avisador Malagueño" de esta fecha recordaba la función acrobática que se celebraría ese día.

CIRCO DE LA VICTORIA

Función acrobática para hoy domingo, bajo la dirección de Jean Menni, en la que tomará parte el hombre de goma.

Los pormenores de este espectáculo se anuncian por carteles y programas.

Entrada de Sra. 1 real, id. de caballero, 2 reales.

La plaza se abrirá a las tres y la función empezará a las cinco.

Se vuelve a anunciar el 30 de julio de 1871.

30 DE JULIO DE 1871
"El Avisador Malagueño" anuncia para ese mismo día la función acrobática.

CIRCO DE LA VICTORIA

Función acrobática para hoy domingo 30 de julio.

Dirigida por Mr. Jean Menni, con la actuación del hombre de goma. Los pormenores de este espectáculo en carteles y programas.

Precios.- Entrada de Sra. 1 real – id. de caballeros 2 reales.

La plaza se abrirá a las tres, comenzando la función a las cinco.

1 DE AGOSTO DE 1871
En esta fecha "El Avisador Malagueño" nos comenta la anunciada función.

Anteayer tarde tuvo lugar en el Circo de la Victoria la anunciada función por la compañía acrobática gimnástica que actúa en el mismo. Los artistas que la componen dieron nuevas pruebas de su agilidad y limpieza en los ejercicios, y el público, que era numeroso, los aplaudió con justicia.

6 DE AGOSTO DE 1871

"El Avisador Malagueño" anunciaba otra función gimnástica para el domingo.

CIRCO DE LA VICTORIA

El domingo se verificará una extraordinaria función gimnástica, acrobática y taurómaca, por los hermanos franceses y otros artistas, en la que toreará dos reses bravas la mujer sin rival Juliana Lupini.

Los pormenores de este espectáculo se anuncian por carteles y programas.

8 DE AGOSTO DE 1871

La reseña de esta función la recoge "El Avisador Malagueño" de 8 de agosto.

Anteayer tarde repitieron sus ejercicios en el Circo de la Victoria la compañía charanga-gimnasia-acróbata-taurómaca que actúa en el mismo, siendo tal la concurrencia que no esperarse mayor.

Concluyó la diversión con el capeo de dos bravas vacas por una célebre mujer que salió para el primer toro a caballo y pica en ristre, y para el segundo dentro de una gran canasta desde donde unas veces rodando y otras llevada en andas por la multitud, intentaba clavar sus delicadas banderillas al toro o vaca, saliendo la pobre tan escarmentada que después de grandes esfuerzos y con tiernas lágrimas en los ojos escapó de las furias haciendo fuz como el gato.

13 DE AGOSTO DE 1871

"El Avisador Malagueño" recordaba este día una corrida de seis reses.

CIRCO DE LA VICTORIA

Hoy domingo, si el tiempo no lo impide, tendrá lugar una magnífica corrida de seis reses bravas, tres de muerte y tres de lidia.

Matarán los espadas, Joaquín Maganote, de Algeciras (a) El Morenito, y Francisco Guerrero, de Málaga (a) el Carpintero.

Entrada de caballero, 4 reales – id. de señoras y niños, 2 reales.

La plaza se abrirá a las tres y la………(ilegible).

15 DE AGOSTO DE 1871

"El Avisador Malagueño" nos da la reseña de esta corrida este día.

El domingo por la tarde tuvo lugar la anunciada corrida de vacas en el Circo de la Victoria.

El capeo fue divertido, y dos de los capeados intentaron tomar asiento en la presidencia, que estaba en el escenario.

De los tres de muerte, dos la recibieron bien, pero la última al pedir el público que la matara uno de los espectadores, se precipitó el espada a quien le tocaba, y se la dio por el vientre.

El público entonces dio muestras grandes de disgusto, pidiendo su detención.

Esto produjo un gran altercado, que motivó que la guardia municipal empezara, sable en mano, a despejar la plaza, causándose la consiguiente alarma, aunque no ocurrió desgracia alguna.

27 DE AGOSTO DE 1871

Novillada en esta fecha anunciada en las páginas de "El Avisador Malagueño", de la fecha indicada.

CÍRCO DE LA VICTORIA.- Con permiso del Sr. Gobernador civil de la provincia, se verificará una magnífica corrida de novillos de muerte, en la tarde del 27 de agosto si el tiempo lo permite.

La plaza será presidida por la autoridad competente.

Los seis novillos que se han de lidiar, pertenecen a la acreditada ganadería de D. Joaquín López, vecino de San Sebastián del Puerto.

Espadas.- Joaquín Caballero y Manuel Arjona, ambos de Sevilla, el primero matará los cuatro primeros novillos y el segundo los dos últimos.

La plaza se abrirá a las dos y media y la corrida empezará a las cuatro y media.

Entrada general, 6 reales.

24 DE SEPTIEMBRE DE 1871

"El Avisador Malagueño" de este día anuncia una corrida de novillos:

CIRCO DE LA VICTORIA
LOS AMIGOS DE LOS POBRES

Con permiso de la autoridad competente se celebrará una gran corrida de novillos de muerte en la tarde del 24 del corriente, si el tiempo no lo impide, destinado sus productos en primer lugar a la redención del servicio militar al joven aficionado D. Miguel Montealegre, en recompensa de los servicies prestados a esta Sociedad, y en segundo

PLAZA DE TOROS DE MÁLAGA,

CIRCO DE **LA VICTORIA**

CON PERMISO DEL SR. GOBERNADOR CIVIL DE LA PROVINCIA,

SE EFECTUARÁ UNA MAGNÍFICA CORRIDA DE

NOVILLOS DE MUERTE,

en la tarde del dia 27 de Agosto de 1874, si el tiempo lo permite.

La plaza será presidida por la Autoridad competente.

El Empresario que tiene á su cargo esta corrida no ha omitido gasto alguno para presentar una cuadrilla de lidiadores de Sevilla de los mas afamados, en la que figura como primer espada el simpático jóven **Joaquin Caballero,** hermano de Gerardo, que tan buen recuerdo tiene en esta plaza. Esto unido al haber adquirido seis hermosos becerros de una de las ganaderias mas afamadas de Santisteban del Puerto, hará que los aficionados salgan complacidos.

Los **seis novillos** que se han de lidiar, pertenecen á la acreditada ganadería de **D. Joaquin Lopez,** vecino de Santisteban del Puerto.

ESPADAS.—Los simpáticos jóvenes

JOAQUIN CABALLERO Y MANUEL ARJONA,

ambos de Sevilla.

El primero matará los cuatro primeros novillos y el segundo los dos últimos. Este último diestro es hijo del famoso matador de toros Manuel Arjona Guillen (Manolo), acompañados de una lucida cuadrilla de banderilleros, de los cuales uno dará el **cambio en la silla** al novillo que salga con las precisas condiciones para dicha suerte.

PICADORES.—Julian Gonzalez (Corchado) y José Cano y Hurtado, ambos de Sevilla.

La plaza se abrirá á las **dos y media** y la corrida empezará á las **cuatro y media.**

Precios. Entrada general, 6 rs.—Medias entradas, 3.—Palcos dobles, 50.—Idem sencillos, 30.—Sillas de escenario, 6.—Idem de galería, 4.—Asiento de terradillo, 6.—Valla, 2.

Las disposiciones de la Autoridad para el buen órden y gobierno de la plaza son las mismas de las corridas anteriores. NOTAS.—Una banda de música tocará piezas escogidas.—Se suplica que cada persona lleve su billete en la mano para evitar entorpecimientos en las puertas.—Desde el viérnes estará abierto un despacho para las localidades de preferencia en la plaza de la Constitucion, almacen de papel de D. Juan Aguilera.

Cartel del 27 de agosto de 1871

lugar a obras benéficas, con arreglo a lo que previene el reglamento de la misma.

La plaza será presidida por una comisión de señoritas.

Se lidiarán seis novillos de la acreditada ganadería de Villaseca, de Córdoba, hoy de la Excma. Sra. Marquesa de Ontevero, todos de tres años, los cuales serán jugados por los distinguidos aficionados de esta ciudad, auxiliados y dirigidos por el célebre espada, Antonio Carmona, el Gordito.

Entrada general, 10 reales.

La plaza se abrirá a la una, y la corrida empezará a las tres.

Una banda de música amenizará el espectáculo.

26 DE SEPTIEMBRE DE 1871

"El Avisador Malagueño" nos da la reseña correspondiente.

El domingo por la tarde tuvo lugar en el Circo de la Victoria la anunciada corrida de toretes por la Sociedad "Los Amigos de los Pobres", y cuyos productos se destinaban para redimir del servicio militar a un socio joven malagueño y cubrir otras atenciones.

He aquí a grandes rasgos la reseña de dicha corrida, en la que fueron seis los toretes lidiados.

1º.- Negro, bien puesto, tomó 4 varas de Rodríguez y 4 de Torres. Tocado el banderilleo tomaron los palos Montealegre y Escobar, poniendo el primero par y medio buenos al cuarteo y el segundo tres pares a la misma suerte.

Tocaron a muerte, y tomó los trastos Rafael García que después de seis pases naturales y tres con la derecha le dio un pinchazo y una estocada baja de la que se echó rematándolo el puntillero.

2º.- Negro, salió bravucón y corrido por lo que Antonio Carmona lo capeó, haciendo varias suertes de rodillas. Tomó tres varas de Castillo y dos de Torres que le espantó las sardinas que montaba, al quite el Gordo. Tocaron banderillas plantándole Perico Olivares un par bueno al encuentro y medio de sobaquillo, y Enrique Montealegre medio par al cuarteo. Tomó los chismes de muerte Manuel García, se fue con arte al toro y cayó rematándolo allí el puntillero.

3º.- Cárdeno, ojo de perdiz, bien puesto y con sentido, le puso Castillo cuatro magníficas varas que le valieron nutridos aplausos del público en general, y flores, dulces y cigarros de la presidenta y señoritas del palco presidencial, premiando merecidamente la verdadera afición de este joven; tomó también dos varas más de Rodríguez que también fueron aplaudidas. Tocaron banderillas y Pepe Escobar, se las brinda a Vicente el Pescadero, compañero de el Gordo, que le puso cuatro magníficos pares al cuarteo, que fueron muy aplaudidos. Tomó los chismes el garboso Rafael García, con gracia y después de tres pases naturales y un medio pase, le dio un pinchazo bien señalado y una baja a volapié, rematándolo el puntillero.

4º.- Colorado, salió saltando y brincando, pero después de enterado tomó tres varas de Rodríguez y una de Torres, que le costó un buen batacazo y la pérdida del jamelgo, al quite el Gordo y Pescadero. Tocaron banderillas y Olivares y Montealegre le pusieron dos pares y medio cada uno. Tomó los trastos Manuel García, lo pasó seis veces con la izquierda y una con la derecha, dándole una baja a volapié, tomó nueva espada y después de dos naturales le dio una buena algo atravesada, de la que se echó, rematándolo el puntillero.

5º.- Negro, bien puesto, corni-abierto y bravo, tomó seis varas de Castillo y cuatro de Torres, que fue aplaudido. Tocaron banderillas y Escobar se las brindó al Gordo, que a su vez brindó al palco presidencial; el público pidió que las pusiera en la silla a lo que accedió, y con la gracia y el arte que siempre ha distinguido a tan célebre diestro, se sentó en la silla poniéndole un par en tan difícil suerte, dos pares más uno a topa-carnero, y otro al tras cuerno; fue ruidosa y merecidamente aplaudido, y por la presidencia le fueron regalado por la señoritas que estaban presidiendo, flores, dulces y cigarros. Tomó los trastes Rafael García y después de cuatro pases naturales, dos con la derecha quedando desarmado en uno de ellos, le dio una buena en lo rubio de la cual murió.

6º.- Negro y de pocas libras, salió huyendo, a fuerza de trabajo tomó de Castillo dos varas que no le gustaron y tomó miedo a los caballos. Escobar y Montealegre les pusieron un par cada uno al cuarteo. Lo mató Manuel García después de dos pases naturales y uno

Banderillas en silla

de pecho, de un pinchazo bien señalado a toro corrido y una muy breve, aunque corta, por todo lo alto.

Resumen: Los novillos en general fueron buenos, dieron juego, dando lugar a que tanto la gente de a pie como la de a caballo lucieran sus conocimientos taurómacos, que para aficionados nada dejan que desear. Hubo un caballo muerto y cuatro heridos; en la plaza un lleno completo y la presidencia sumamente acertada.

1 DE OCTUBRE DE 1871

"El Avisador Malagueño" nos recuerda que para ese día se celebraría una corrida.

CIRCO DE LA VICTORIA

Hoy tendrá lugar una magnífica corrida: de dos novillos de muerte y cuatro reses de capeo, los que serán jugados por aficionados de esta ciudad, dirigidos por el célebre Bartolomé Díaz (a) Labi. Entrada general 4 reales.

3 DE OCTUBRE DE 1871

"El Avisador Malagueño" de esta fecha publica la siguiente noticia.

No habiendo sido bastante el resultado de la corrida de novillos últimamente celebrada en el Circo de la Victoria para redimir del servicio de las armas a un joven perteneciente a la Sociedad Taurómaca, una persona, cuyos sentimientos merecen el mayor elogio, ha determinado promover una suscripción para alcanzar la suma que aún falta para el indicado objeto.

Aplaudimos el pensamiento.

8 DE OCTUBRE DE 1871

"El Avisador Malagueño" anuncia este día una corrida de toretes.

PLAZA DE TOROS DE MÁLAGA
CIRCO DE LA VICTORIA

Con superior permiso y si el tiempo no lo impide, gran corrida de toretes de muerte (a pitón desnudo) por la cuadrilla de niños de Cádiz, en la tarde del 8 de octubre.

La plaza será presidida por la autoridad competente.

Se jugarán seis toretes de la antigua y conocida ganadería de la Sra. Vda. De Varela, vecina de Medina Sidonia, con divisa encarnada y amarilla.

Espadas.- Francisco Giménez (el Poncho), de Cádiz, 12 años; Antonio Ortega (El Marinero) de id., de 14 años, que matarán alternando.

Cortina del Muelle

Picadores.- Alfonso Monge (Pedrote), de 14 años y Juan Rodríguez Vargas, de 12 años.

Banderilleros.- Juan Cantorán (Troni), de 13 años; Francisco Ortega (Paquiro), de 10 años; Francisco Giménez (Rebujina), de 9, y Joselito Giménez (el Bravo), de 10.

Puntillero.- Antonio Giménez (Mosca), de 8 años.

Director de la cuadrilla, José Díaz (Busiqui).

Auxiliador de la misma, Enrique Giménez, todos de Cádiz.

Cualquiera de los dos matadores dará el cambio en silla, poniendo banderillas al torete que se preste para ello.

Una banda de música amenizará el espectáculo.

Entrada general, 10 reales – Media, 6.

La plaza se abrirá a la una y la función empezará a las tres.

10 DE OCTUBRE DE 1871

"El Avisador Malagueño" nos hace la reseña de dicha corrida.

El domingo por la tarde tuvo lugar la corrida de toretes anunciada en el Circo de la Victoria, por la cuadrilla de "Niños de Cádiz".

La plaza estuvo concurrida como pocas veces, pues estaban ocupados hasta los palcos principales, por lo que habrá quedado satisfecho su empresario. La cuadrilla no dejó de dar gusto teniendo en cuenta la edad del personal, y especialmente los pequeñitos tienen bastante gracia. Los toretes no fueron lo que debieron, por traer según nos dicen varios días de camino y llegar estropeados, pero se nos asegura que en la corrida del domingo venidero estarán en mejor estado los otros seis novillos, por llevar más días de descanso.

15 DE OCTUBRE DE 1871

"El Avisador Malagueño" de 15 de octubre nos anuncia otra corrida por la cuadrilla de Niños de Cádiz.

PLAZA DE TOROS DE MÁLAGA
CIRCO DE LA VICTORIA

Con el correspondiente permiso y si el tiempo no lo impide, se verificará una magnífica corrida de novillos de muerte (a pitón desnudo), por la cuadrilla de Niños de Cádiz, en la tarde del domingo 15 de octubre.

Presidirá la plaza la autoridad competente.

Se jugarán seis toretes de la acreditada ganadería de la Sra. Vda. De Varela.

Entrada, 6 reales – Media, 4.

La plaza de abrirá a la una y la función empezará a las tres.

26 DE NOVIEMBRE DE 1871

"El Avisador Malagueño" anunciaba la última función de la compañía de árabes argelinos.

CIRCO DE LA VICTORIA

Despedida y última función para hoy domingo 26 del corriente, a las tres de la tarde, por la célebre compañía de árabes argelinos Benizoug-zoug, del desierto del Sáhara, compuesta de 30 personas, bajo la dirección de Sidi el Hadj –ali-ben-Mohamed.

Entrada general, 3 reales – Las puertas se abrirán a las dos de la tarde y la función empezará a las tres en punto.

28 DE NOVIEMBRE DE 1871

"El Avisador Malagueño" de esta fecha nos da la reseña correspondiente.

Anteayer con una numerosa concurrencia hicieron sus ejercicios, previamente anunciados, en el Circo de la Victoria, la compañía árabe de acróbatas.

La precisión, la agilidad y el arte con que aquellos fueron ejecutados, arrancó a la concurrencia repetidos y merecidos aplausos.

24 DE DICIEMBRE DE 1871

"El Avisador Malagueño" de este día anunciaba las funciones para Navidad.

CIRCO DE LA VICTORIA
TEATRO
Grandiosas funciones de aparato y a propósito de las festividades de Navidad, para los días 25, 26 y 27.
Sinfonía.
El grandioso drama de aparato en 6 actos y 13 cuadros, nuevos,
LOS CRISTIANOS DE JUDEA
O LOS COLOQUIOS
Entrada general, 2 reales – A las seis y media en punto.

AÑO 1872

1 DE ENERO DE 1872

"El Avisador Malagueño" nos recuerda este día la función de Navidad.
CIRCO DE LA VICTORIA-TEATRO
Función para hoy domingo a beneficio de Jusepe, y despedida hasta otro año.
Sinfonía.
El drama en seis actos y 13 cuadros
LOS CRISTIANOS DE JUDEA
O LOS COLOQUIOS
La pieza en un acto
LOS CELOS DEL TÍO MACACO
A las siete y media - A 2 reales

21 DE ENERO DE 1872

"El Avisador Malagueño" de esta fecha nos recuerda una función para ese día.
CIRCO DE LA VICTORIA
Función para hoy domingo, a beneficio del actor D. Antonio Haro.
Sinfonía.
Última representación del drama bíblico en 6 actos y 13 cuadros
LOS COLOQUIOS
La pieza en un acto
LA ELECCIÓN DE UN DIPUTADO
A las seis – Entrada general, 2 reales.

18 DE FEBRERO DE 1872

"El Avisador Malagueño" nos avisa de una cuadrilla de jóvenes.
CIRCO DE LA VICTORIA

Si el tiempo no lo impide, se lidiarán tres reses bravas por una cuadrilla de jóvenes de 8 a 14 años de edad, y otras tres por el espada y toreros reunidos al efecto.

Se presentará el Tiri (domador), acompañado de dos toros bravos y ejecutará nuevas y variadas suertes.

Entrada de caballero, 3 reales – id. de señora, 2.

A las tres y media de la tarde.

En aquel tiempo llovía en la ciudad con relativa frecuencia, pero la prensa casi nunca daba cuenta de la suspensión de las funciones, por lo que desconozco si algunas se llevarían a cabo o no, otro inconveniente para completar en lo posible la historia de este modesto, pero entrañable teatro-circo malagueño.

10 DE MARZO DE 1872

"El Avisador Malagueño" de este día nos recuerda una función acrobática.

CIRCO DE LA VICTORIA

Función por la compañía acróbata, gimnástica y pantomímica, para hoy domingo 10 de marzo de 1872, la que terminará con la ascensión de un globo.

A las tres y media de la tarde.

Entrada de caballero, 3 reales – Señoras, 2 – Niños y soldados, 1.

13 DE MARZO DE 1872

Como se utilizaba para diversas cosas, "El Avisador Malagueño" nos destaca lo siguiente:

Por falta de espacio no pudimos ayer dar cuenta de la reunión celebrada por el partido republicano la mañana del domingo en el Circo de la Victoria.

La reunión había sido convocada por los diputados provinciales pertenecientes a dicho partido para dar cuenta de sus actos en la Asamblea de la provincia, empezando aquella a las once de la mañana; hecha la propuesta de si había alguno que quisiera presentar queja del proceder de aquellos, nadie contestó; en cuyo caso el Sr. Navarro explicó su conducta y la de sus compañeros en las sesiones de la Asamblea; en seguida se formuló una proposición por escrito y comprensiva de dos extremos que fue leída y aprobada por unanimidad, cuyo contenido era el siguiente:

"La conducta de los diputados provinciales elegidos por la capital ha merecido bien del partido en todos y cada uno de sus actos; habiendo interpretado aquellos con su proceder las aspiraciones de sus electores; y si alguno o algunos de esos diputados republicanos hubiese

Plaza del Obispo desde la entrada de La Catedral de Málaga

sostenido soluciones distintas de las adoptadas por sus compañeros, se había hecho digno de la censura del partido".

Levantada la sesión, pidieron muchos concurrentes que hablase el Sr. Eduardo Palanca, el cual explicó la conducta de la minoría republicana en la Diputación, alcanzando aplausos y plácemes al terminar su discurso.

24 DE MARZO DE 1872

"El Avisador Malagueño" de este día nos recuerda la función para hoy:

CIRCO DE LA VICTORIA

Extraordinaria función por la compañía acróbata, bajo la dirección de D. Francisco Venus, para el domingo 24 de marzo, a las tres y media.

Entrada de caballeros, 3 reales – Id. de señoras, 2 reales.

31 DE MARZO DE 1872

"El Avisador Malagueño" nos recuerda una función ese día:

CIRCO DE LA VICTORIA

Última función para hoy domingo, si el tiempo lo permite, por la compañía que dirige D. Francisco Venus.

A beneficio de las señoritas doña Antonia y doña Manuela Venus, las cuales han acordado hacer en dicha compañía un precioso regalo de 3 corderos distribuidos en tres lotes. A cada entrada se dará un número gratis.

Entrada de caballero, 3 reales –De señora, 2 – Niños, 1.

A las cuatro.

7 DE ABRIL DE 1872

"El Avisador Malagueño" este día nos anuncia la corrida de dicho día.

PLAZA DE TOROS DE MÁLAGA
CIRCO DE LA VICTORIA

Con permiso del señor Gobernador civil de la provincia, extraordinaria corrida de toretes de muerte en la tarde del domingo 7 de abril de 1872 (si el tiempo no lo impide), cuyos productos, deducidos los gastos, son dedicados a los pobres.

La plaza será presidida por varias Señoritas invitadas al efecto.

Para que la corrida reúna mayores alicientes se ha invitado para el mismo objeto al famoso banderillero Vicente Méndez (El Pescadero) de Madrid, que también se ha ofrecido gustoso y con el mayor desinterés.

Los seis novillos de tres años que se han de lidiar pertenecen a la acreditada ganadería del señor don José M. Adalid, vecino de Sevilla, oriundos de la renombrada y antigua del señor don Eustaquio de la Carrera, de la Puebla junto a Coria.

Los que serán lidiados por los aficionados de esta Ciudad en unión del antedicho Vicente Méndez (El Pescadero).

Puerta del Mar. Navidad 1880

La plaza se abrirá a la una y la corrida empezará a las tres.

Precios= Palcos, 60 reales – Sillas de escenario de 1ª fila, 12 – Idem. de galería, 6 - id. de Terradillo, 8 – Vallas, 4 – Entrada general, 10 reales.

El despacho de billetes estará situado hasta el domingo en el diván de la Alameda, y el domingo en los sitios de costumbre.

9 DE ABRIL DE 1872

"El Avisador Malagueño" nos hace la reseña de dicha corrida.

Anteayer tuvo efecto en el Circo de la Victoria la corrida de novillos con una buena concurrencia y distinguiéndose los diestros.

¡El revistero no se rompió la cabeza para hacer esta reseña!

¡Con lo interesante que hubiera sido, saber de la actuación del Pescadero en el Circo de la Victoria!

14 DE ABRIL DE 1872

"El Avisador Malagueño" de este día recuerda la función que se celebraría ese mismo día.

CIRCO DE LA VICTORIA

Función para hoy domingo en la que hará su debut la compañía franco-inglesa, bajo la dirección de Emile París.

Entrada general, 2 reales.

21 DE ABRIL DE 1872

"El Avisador Malagueño". De nuevo, otra función de la anterior compañía.

CIRCO DE LA VICTORIA

Escogida función para el domingo por la compañía franco-inglesa, bajo la dirección de Monsieur Emile París.

Entrada general, 3 reales – Niños y soldados 1 y 1 y medio.

27 DE ABRIL DE 1872

"El Avisador Malagueño" avisa de la última función que daría la compañía franco-inglesa.

CIRCO DE LA VICTORIA

Función despedida, por la compañía franco-inglesa, bajo la dirección de Monsieur Emile París.

A beneficio del público, y con gran rebaja en los precios, para el domingo.

Entrada general, 2 reales – Niños y soldados 1 real.

---

2 DE MAYO DE 1872

"El Avisador Malagueño" anunciaba una corrida para el domingo día 12.

CIRCO DE LA VICTORIA

Se prepara una lucida corrida de Novillos de muerte para la tarde del domingo 12 del corriente, a 6 reales entrada.

Los que tengan caballos de venta propios para la corrida, podrán presentarse desde el día 8 de éste, a las cuatro de la tarde en el referido local.

5 DE MAYO DE 1872

"El Avisador Malagueño" nos recordaba este día otra función artística.

CIRCO DE LA VICTORIA

Gran función para hoy domingo por la compañía franco-inglesa-española, compuesta de 18 artistas de ambos sexos.

Entrada de caballero, 2 reales – Señoras, niños y soldados, 1 real

12 DE MAYO DE 1872

"El Avisador Malagueño" recordaba la corrida de ese día.

CIRCO DE LA VICTORIA

Con el correspondiente permiso y si el tiempo no lo impide, se verificará una magnífica corrida de novillos de muerte, la tarde de hoy domingo.

La plaza se abrirá a las dos y la corrida empezará a las cuatro y media.

Entrada general, 6 reales.

26 DE MAYO DE 1872

"El Avisador Malagueño". Este día se recuerda la función de ejercicios ecuestres y acrobáticos.

CIRCO DE LA VICTORIA.
CIRCO ECUESTRE Y ACRÓBATA

Con permiso de la autoridad se ejecutará el domingo 26, una gran función de ejercicios ecuestres y acrobáticos por la familia Ammolis.

Entrada general, 3 reales – A las tres y media.

16 DE JUNIO DE 1872

"El Avisador Malagueño" de este día nos anunciaba otra función.

CIRCO DE LA VICTORIA

Gran función por la compañía de los Pirineos, dirigida por Mr. Ford, domador de fieras de todas clases.

Tomarán parte en esta función varios osos y terminando con la lidia de tres bravas reses.

Entrada general, 2 reales – Media 1 real.

18 DE JUNIO DE 1872

"El Avisador Malagueño" anunciaba otra función para el próximo domingo.

Para el domingo próximo la compañía que funciona en el Circo ecuestre, lo hará en el de la Victoria, preparando al efecto una extraordinaria función de gran espectáculo, con una pieza militar, donde tomarán parte más de doscientas personas, para cuyo efecto ha sido contratado el segundo de los expresados lugares, en consideración a lo extraordinario y circunstancias de la función que se proyecta.

25 DE JUNIO DE 1872

"El Avisador Malagueño" de este día nos da la reseña de la función celebrada el 23.

Con una numerosísima concurrencia tuvo efecto anteayer tarde en el Circo de la Victoria, la función anunciada por la compañía que actúa en el ecuestre de Atarazanas.

Los ejercicios ejecutados, nuevos en su mayoría, llamaron merecidamente la atención, con especialidad la pantomima, cuyo asunto era un episodio de la guerra de África y en la que tomaron parte más de cien personas.

Monte de Sancha

14 DE JULIO DE 1872

Se celebra una novillada anunciada por "El Avisador Malagueño", de la fecha indicada:

CIRCO DE LA VICTORIA

Extraordinaria función de reses de muerte y lidia, para hoy.

Gran competencia de las toreras María Roldán, (a) Trueno de Sevilla, y Antonia Giménez, (a) Zarpazo, de Sanlúcar de Barrameda, acompañadas y auxiliadas por el célebre indio bravo José de los Reyes (a) El Elástico.

Se lidiarán cinco reses, bravas y se matará un bravo novillo.

Entrada, 3 reales – Media, uno y medio.

También recoge este espectáculo Don Narciso Díaz de Escovar, en sus "Efemérides malagueñas", y "El Popular", del 14 de julio de 1933, en su espacio "Curiosidades malagueñas del pasado"

17 DE JULIO DE 1872

"El Avisador Malagueño" denunciaba lo siguiente:

Los periódicos de esta ciudad reclaman unánimemente de las autoridades que ponga coto al intolerable abuso, que tantas veces hemos condenado de las pedreas.

En la tarde del domingo se armó una de esas batallas cuando precisamente salía el púbico del Circo de la Victoria y hubo alarma, carreras, cuchillos y pistolas, produciéndose el tumulto consiguiente.

¡Qué tiempos aquellos!

Pero, desafortunadamente, ni una palabra de la novillada del 14.

13 DE AGOSTO DE 1872

"El Avisador Malagueño" de este día anuncia otra corrida.

La empresa que ha traído a esta ciudad la cuadrilla de jóvenes gaditanos que con éxito tan lisonjero trabajó la tarde del domingo anterior en el Circo de la Victoria, ha dispuesto dar una función de toros con el nombre de media corrida el domingo 18 del actual, en el mismo circo, lidiando la cuadrilla expresada, lo que, con efecto, no desmintió en la función anterior la fama que venía precedida.

Para dicho objeto un representante de la empresa ha salido para Sevilla, y el viernes estarán al público los toros en las casas de Luque, próximas a la capital.

18 DE AGOSTO DE 1872

"El Avisador Malagueño" de esta fecha nos recuerda la corrida.

CIRCO DE LA VICTORIA

Gran corrida de TORETES DE MUERTE, por la célebre cuadrilla de niños de Cádiz, en la tarde del domingo 18 de agosto de 1872.

Se jugarán cuatro bravos toretes, por los simpáticos jóvenes MANUEL GIMÉNEZ y JUAN DÍAZ GIMÉNEZ, acompañados de una lucida cuadrilla.

Entrada general, 4 reales – Media, 2 reales.

20 DE AGOSTO DE 1872

"El Avisador Malagueño" nos daba la reseña de la corrida.

El domingo por la tarde, según estaba anunciado, tuvo efecto en el Circo de la Victoria la corrida de toretes por la compañía de niños de Cádiz, no correspondiendo el ganado a los deseos de los lidiadores. La concurrencia fue numerosa.

25 DE AGOSTO DE 1872

"El Avisador Malagueño" nos recordaba una función para ese día.

CIRCO DE LA VICTORIA

Gran función para hoy domingo 25 de agosto, por la aplaudida compañía de LOS NUEVOS HANCOS LEES, ejecutando difíciles ejercicios entre ellos el nominado ZAMPILEARIOSTATUM.

Entrada general, 3 reales.

28 DE AGOSTO DE 1872

"El Avisador Malagueño" de este día nos anunciaba una función de la misma compañía.

En la función que en el Circo de la Victoria se verificará en la tarde del próximo domingo por la compañía de los nuevos Hamión-Lees,

Calle Cuarteles

se ejecutará el ejercicio de ZAMPILEARIOSTATUM, o el doble salto mortal, efectuándose más tarde que en la última función, para impedir que el sol, dando en las paralelas, sea una dificultad para el buen éxito de los ejercicios. Éstos serán variados y con objeto de que sólo haya en el redondel las personas que tengan tomados asientos de silla, se colocará un número bastante de agentes de orden público.

1º DE SEPTIEMBRE DE 1872

"El Avisador Malagueño". Esta vez, se organizaba una función a beneficio de alguien.

A las cuatro y media grande y extraordinaria función para hoy domingo, a beneficio niño Boby, el malagueño.

Entrada general, 2 reales.

15 DE SEPTIEMBRE DE 1872

"El Avisador Malagueño" nos recordaba la función que se celebraría ese día.

CIRCO DE LA VICTORIA

Hoy tendrá lugar una función de gran aparato ejecutada por la compañía ecuestre, acrobática que dirigen los Sres. Prado y Price, en la que se dará fin con la gran pantomima de espectáculo

MALEX-ADEL

O el robo de Matilde, a las cuatro y media de la tarde, para cuyo efecto y comodidad del público los ómnibus del Ferrocarril estarán situados en la Alameda y Puerta Nueva, al ínfimo precio de un real asiento.

Por la noche la misma compañía dará otra función en el Circo Malagueño, hora y precios de costumbre.

¡Cuánta actividad circense! En aquel tiempo funcionaban tres circos en nuestra ciudad.

29 DE SEPTIEMBRE DE 1872

"El Avisador Malagueño" de este día nos recordaba una corrida para celebrarse el domingo 29 de septiembre.

CIRCO DE LA VICTORIA

Hoy domingo 29 de septiembre se verificará una famosa corrida de novillos de muerte.

Entrada general, 10 reales – Media, 8.

A las tres y media.

1 DE OCTUBRE DE 1872

"El Avisador Malagueño" nos da una breve reseña de la corrida anteriormente citada.

El domingo por la tarde tuvo lugar con éxito en el Circo de la Victoria, la corrida de toretes anunciada.

Lamentablemente siguen las reseñas taurinas sin dar datos, aunque fuesen parciales, de los eventos taurinos celebrados en el Circo de la Victoria, tan sólo indican que se han verificado.

Tampoco encuentro otros periódicos de aquellos tiempos, tan sólo "El Avisador Malagueño", que afortunadamente se conservan en el Archivo Díaz de Escovar (Fundación Unicaja).

¡Gracias Don Narciso, por su incomparable archivo!

6 DE OCTUBRE DE 1872

"El Avisador Malagueño". Otra función se celebraría esa misma tarde.

Esta tarde deberá tener efecto en el Circo de la Victoria una extraordinaria y variada función que la compañía que dirigen los señores Prado y Price ha preparado en dicho local, por no permitir el circo de Atarazanas que en él se ejecuten los difíciles trabajos que desea exhibir al público dicha compañía.

En el lugar de costumbre, publicamos el anuncio correspondiente.

La función debió suspenderse, por las lluvias anunciadas para ese día.

19 DE OCTUBRE DE 1872

"El Avisador Malagueño". En esta ocasión era una función y la lidia de un toro.

CIRCO DE LA VICTORIA

El domingo 20 habrá una gran función y se lidiará el toro que se escapó en la corrida anterior.

A 2 reales una entrada.

AÑO 1873

12 DE ENERO DE 1873

"El Avisador Malagueño" anunciaba este día otra corrida de toros.

CIRCO DE LA VICTORIA

Gran corrida de toros para hoy domingo 12 del corriente, (si el tiempo no lo impide).

PROGRAMA

Por los jóvenes aficionados se lidiarán dos novillos de muerte y cuatro reses bravas.

Entrada general, 4 reales.

14 DE ENERO DE 1873

"El Avisador Malagueño". La breve reseña de dicha corrida nos la trae el mismo periódico, de 14 de enero.

El domingo por la tarde tuvo lugar en el Circo de la Victoria, la corrida de novillos anunciada, dando pruebas de destreza los jóvenes aficionados, que tomaron parte en la lidia.

19 DE ENERO DE 1873

"El Avisador Malagueño". Rescatamos ahora una noticia del Hospital Noble.

Aunque esta noticia no tiene nada que ver con el Circo de la Victoria, la incluyo por tratarse de nuestro entrañable Hospital Noble malagueño:

El establecimiento benéfico, debido a la generosidad de las señoras hijas y herederos del Doctor Noble, inaugurado como Casa de Socorro el día 1° de noviembre último, quedará también instalado como Casa de Salud, desde hoy.

Hospital Noble

11 DE FEBRERO DE 1873

"El Avisador Malagueño". En ocasiones, había que hacer reformas en el Circo de la Victoria, como comenta esta noticia.

Parece que una persona muy conocida en esta capital, que se dedica a asuntos teatrales, está habilitando convenientemente el Circo de la Victoria, con objeto de dar en él representaciones dramáticas durante el verano próximo.

Actuarán en dicho circo, que será oportunamente adornado, una compañía de declamación, bajo la dirección del conocido actor Rafael Farro, y otras de baile y ejercicios acrobáticos.

Las funciones empezarán en el mes de mayo y diariamente de seis de la tarde a diez de la noche.

10 DE ABRIL DE 1873

"El Avisador Malagueño" de este día anunciaba otra corrida.

El domingo próximo tendrá lugar en el Circo de la Victoria una corrida de novillos de muerte, a beneficio de la quinta compañía del primer batallón de voluntarios republicanos, titulado de Sixto Cámara.

Los novillos que se han de lidiar, serán de la ganadería cordobesa llamada del Barbero, y las cuadrillas de las más acreditadas de Córdoba.

13 DE ABRIL DE 1873

"El Avisador Malagueño". El mismo domingo nos lo recordaba este periódico.

CIRCO DE LA VICTORIA

(Con superior permiso y si el tiempo no lo impide) se verificará una magnífica corrida de cuatro novillos de muerte de cuatro años, en la tarde de hoy domingo, de la acreditada ganadería de la Sra. Marquesa Viuda de Ontiveros, en la tarde de hoy domingo.

A beneficio de la quinta compañía del primer batallón de Sixto Cámara.

Entrada general, 10 reales – Media id, 5 - A las cuatro.

15 DE ABRIL DE 1873

"El Avisador Malagueño". Algunas veces, como se ha comentado, las corridas se suspendían, como era el caso.

El domingo se suspendió la corrida de novillos que estaba anunciada en el Circo de la Victoria, por causas ajenas a la voluntad de la empresa.

20 DE ABRIL DE 1873

"El Avisador Malagueño". Al haberse suspendido, se intenta hacer al domingo siguiente.

CIRCO DE LA VICTORIA

(Con superior permiso y si el tiempo no lo impide) se verificará una magnífica corrida de cuatro novillos de muerte de cuatro años, de

la acreditada ganadería de la Sra. Marquesa viuda de Ontiveros, en la tarde de hoy domingo.

A beneficio de la quinta compañía del primer batallón de Sixto Cámara.

Entrada general, 10 reales – Media 5 reales.

29 DE ABRIL DE 1873

"El Avisador Malagueño". En esta ocasión, sería una corrida con alumbrado por un "aparato de luz eléctrica".

En nuestro número del domingo anunciamos que, a beneficio de la milicia ciudadana de esta capital, iba a verificarse una corrida de novillos por la noche, siendo alumbrado el circo por un aparato de luz eléctrica.

Ampliando esta noticia, debemos añadir que la compañía beneficiada será la cuarta del cuarto batallón de cazadores de Torrijos.

Para disminuir la intensidad de la luz, se colocará ésta bajo un reverbero de esmalte blanco.

La corrida tendrá lugar en los primeros días del próximo mayo y el experimento de la luz eléctrica se hará en el circo el día 1° de dicho mes, a los ocho en punto de la noche, a cuyo acto podrán concurrir cuantos deseen presenciarlo.

Como expresamos, el aparato de luz eléctrica será dirigido por el Sr. Rodríguez del Fierro, propiedad del mismo y es el que funcionó el año pasado en la torre de la Catedral.

Calle Córdoba

30 DE ABRIL DE 1873

"El Avisador Malagueño". La citada corrida, por el frío que hacía por la noche, se prorroga para el 8 de junio.

En consideración a la temperatura que todavía se deja sentir por la noche, la corrida de novillos que debía verificarse el próximo domingo por la noche en el Circo de la Victoria con luz eléctrica y a favor de una compañía de milicia ciudadana, se ha prorrogado para el día 8 del próximo junio.

El domingo inmediato tendrá lugar, sin embargo, con el expresado objeto una corrida de novillos por la tarde en el referido circo.

4 DE MAYO DE 1873

"El Avisador Malagueño". En este día, el periódico nos recuerda una corrida a celebrar.

CIRCO DE LA VICTORIA

(Con superior permiso y si el tiempo no lo impide) se verificará una magnífica corrida de cuatro toretes de muerte de tres años, de la acreditada ganadería de la Sra. Marquesa de Villaseca, de Córdoba, en la tarde de hoy domingo.

A beneficio de la cuarta compañía del cuarto batallón de Cazadores de Torrijos.

Entrada general, 6 reales – Media, 3 reales.

11 DE MAYO DE 1873

"El Avisador Malagueño". La corrida anteriormente citada tuvo que retrasarse para el domingo 11.

CIRCO DE LA VICTORIA

Tenemos noticias, que la corrida de toretes que debió verificarse en la tarde del domingo 4 y que fue suspendida a causa del temporal, tendrá lugar hoy domingo 11 a las cuatro y media en punto de la tarde, habiendo mejorado; pues se han cambiado de los 4 toretes, dos, el uno por un toro de cinco años y otro de a tres de mejores condiciones que el anunciado por la compañía anterior.

30 DE MAYO DE 1873

"El Avisador Malagueño" de esta fecha anunciaba para el próximo domingo una función gimnástica.

CIRCO DE LA VICTORIA

Para el domingo.

Grande y extraordinaria función por la familia de los seis hermanos Crolán, bajo la dirección de D. Juan Menis, el cual tiene el honor de presentar los más difíciles ejercicios gimnásticos, acrobáticos y equilibritos.

Entrada general, 3 reales - A las cinco.

---

7 DE JUNIO DE 1873

"El Avisador Malagueño" anunciaba la corrida para el jueves 12.

CIRCO DE LA VICTORIA

Con el correspondiente permiso y si el tiempo lo permite, tendrá lugar una magnífica corrida de novillos de muerte, en la tarde del jueves 12 de junio de 1873.

La plaza será presidida por la autoridad competente.

Se picarán, banderillearán y matarán seis bravos novillos de la antigua ganadería de la Sra. Marquesa de Villaseca, hoy de la propiedad de la Excma. Sra. Marquesa viuda de Ontiveros.

Espadas.- Hipólito Sánchez Arjona y Manuel Arjona Buitrago, ambos de Sevilla, los que matarán alternando.

La plaza se abrirá a las dos y empezará la corrida a las cinco menos cuarto.

Entrada general, 10 reales.

8 DE JUNIO DE 1873

"El Avisador Malagueño". Otra función gimnástica, con lidia final, nos recordaba el periódico para este día.

CIRCO DE LA VICTORIA

Compañía compuesta de artistas de ambos sexos.

Grande y extraordinaria función por la compañía, gimnástica, pantomímica y coreográfica.

Para hoy domingo, 8 de junio.

Dará fin con la lidia de cuatro reses bravas.

Entrada general, 3 reales. - A las 5.

22 DE JUNIO DE 1873

"El Avisador Malagueño". En este día nos recordaba la función gimnástica a beneficio de la cuarta compañía del batallón nº 12.

CIRCO DE LA VICTORIA

Función para hoy, compuesta de ejercicios, gimnásticos, acrobáticos, pantomímicos, coreográficos y de rifa.

A beneficio de la cuarta compañía del batallón nº 12.

A 3 reales - A las cinco.

24 DE AGOSTO DE 1873

"El Avisador Malagueño". Otra función gimnástica la recordaba el periódico de este día.

CIRCO DE LA VICTORIA

Gran función compuesta de ejercicios gimnásticos, acrobáticos, equilibrio y pantomima, para hoy domingo 24 de agosto.

Entrada, 2 reales – Media, 1 real.

A las cinco en punto.

Calle San Bernardo El Viejo

31 DE AGOSTO DE 1873

"El Avisador Malagueño". También en la tarde de 31 de agosto se recordaba la función de la compañía gimnástica que debutó el 24 de agosto, aparte de la lidia de varios toretes.

Esta tarde tendrá lugar en el Circo de la Victoria una extraordinaria función por la compañía gimnástica que debutó el domingo anterior.

El espectáculo será amenizado con la lidia de varios toretes.

21 DE SEPTIEMBRE DE 1873

Este día se celebró una novillada, y en esta ocasión es el nº 38 del diario "El Folletín", quien informaba de ella:

La Compañía que actúa en el Circo de la Victoria y que tiene el defecto de ser bastante poco numerosa pero que tiene la ventaja de ser bastante buena, había prometido dar al público para el domingo pasado la lucha de algunos novillos, el último de los cuales para que lo toreara todo el que quisiera.

Ya hemos dicho que la Compañía es bastante buena, y ahora debemos añadir que hay en ella una joven bastante guapa, y cuyas disposiciones artísticas son las más ventajosas.

El espectáculo, pues, pasó sin ningún tropiezo y con muchos aplausos hasta que llegó la parte cornuda en que la cuestión de cuernos es cuestión de infiernos. Tanto en el primer novillo como el segundo, se volvieron a su casa, recibiendo algún que otro palo y una buena cosecha de silbidos. Pero el tercero que era de muerte, se empeñó en no recibirla y llegó la noche sin que el inexperto matador pudiese encontrarlo en posición oportuna.

Vista de Málaga desde El Calvario (Archivo Diaz de Escovar)

Más como la vida no es eterna y el público se impacienta demasiado, sobre todo el de la media entrada, viendo que el toro no podía irse al chiquero ni el osado matador era capaz de acabarlo, a la voz de alguien de la turba que dijo ¡a las armas!, no sabemos si fue más pronto decirlo que hacerlo, el barandal del palco y la mayor parte del tablado fueron destruidos con una actividad y una prontitud dignas de mejor causa, de tal modo que si se les hubiese pagado la labor a peseta lo hubieran hecho con mayor ardor.

Los esfuerzos de la autoridad fueron inútiles, pero tomarse la justicia por su mano y de aquella manera sin ser evitado por quien pudo hacerlo, es dar inmensas alas a esas infantiles hordas.

30 DE NOVIEMBRE DE 1873

"El Avisador Malagueño" nos recordaba la función para ese día.

CIRCO DE LA VICTORIA

Hoy domingo, a las 3 de la tarde, tendrá lugar un nuevo y gran espectáculo por la compañía de D. Rafael Díaz, con gran rebaja de precios.

Se ejecutará la grandiosa pantomima

MAZSPA

A 3 reales.

7 DE DICIEMBRE DE 1873

"El Avisador Malagueño". Este día nos recordaba el periódico una corrida aplazada.

Esta tarde tendrá lugar al fin la corrida de toros en el Circo de la Victoria, que habíamos anunciado anteriormente.

9 DE DICIEMBRE DE 1873

"El Avisador Malagueño". La reseña de la corrida nos la da el día 9 de diciembre.

Con un lleno casi completo tuvo lugar el domingo en la tarde en el Circo de la Victoria, la corrida de toros que para dicho día estaba anunciada. El ganado regular, solamente, y la concurrencia salió no muy satisfecha del éxito de la corrida, cual no es extraño, atendido a la que la estación actual no favorece esta clase de espectáculos.

21 DE DICIEMBRE DE 1873

"El Avisador Malagueño". El día de hoy recordaba el periódico la función que se celebraría.

CIRCO DE LA VICTORIA

Monstruosa función para hoy domingo a las tres de la tarde por la compañía que dirige D. Rafael Díaz.

Dará fin con la grandiosa pantomima
EL RAPTO DE AL-EHESTE

AÑO 1874

5 DE ABRIL DE 1874

"El Avisador Malagueño", 5 de abril de 1874 recordaba la función de ese día.

CIRCO DE LA VICTORIA

Compañía franco-española compuesta de varios artistas de ambos sexos.

Función para hoy

Por la compañía acróbata, gimnástica, pantomímica y coreográfica, bajo la dirección del profesor

DON FRANCISCO VENUS

Amenizará la función con la rifa de un hermoso cordero.

Se dará fin a la función con la ascensión de un globo Mongolfier.

Entrada 3 reales – A las tres y media.

Un anuncio idéntico al aquí reflejado, aparece en "El Avisador Malagueño", del 12 de abril de 1874. Ignoro si se suspendió la función del día 5 de abril, y si se dio la del 12 de abril de 1874.

26 DE ABRIL DE 1874

Se está organizando la sociedad taurómaca "La Juventud". "El Avisador Malagueño", de la fecha antes citada lo comentaba.

Sociedad taurina.- Tenemos entendido que pronto quedará organizada una Sociedad taurómaca, que bajo el nombre de La Juventud se está formando, y cuya primera reunión se verificará en breve para acordar el día de la inauguración, continuando entre tanto abierta la suscripción de socios.

14 DE JUNIO DE 1874

"El Avisador Malagueño", de esta fecha recordaba otra función para dicho día.

Plaza de toros de Málaga
CIRCO DE LA VICTORIA

Compañía anglo-hispana.

Función para hoy domingo

Se ejecutarán ejercicios gimnásticos, acrobáticos, cómicos, mímicos, pantomímicos y aerostáticos.

Entrada general, 2 reales – Media, un real.

Plaza de la Marina

21 DE JUNIO DE 1874

"El Avisador Malagueño", del 21 de junio de 1874 también recordaba la función de ese día.

Plaza de toros de Málaga
CIRCO DE LA VICTORIA

Compañía Anglo-hispana.- Bajo la tan acertada dirección de los muy eminentes directores D. Agustín Velázquez y D. Diego Moreno Bellido. Siendo representada por don Antonio de Esteban y Puig.

Función para hoy domingo.

Se ejecutarán ejercicios gimnásticos, acrobáticos, cómicos, pantomímicos y aerostáticos.

Las puertas del Circo se abrirán a las tres y la función empezará a las cinco de la tarde.

Entrada general, 2 reales – Media, un real.

28 DE JUNIO DE 1874

"El Avisador Malagueño", de este día nos recuerdo una función para ese mismo domingo.

CIRCO DE LA VICTORIA
Compañía anglo-hispana

Bajo la tan acertada dirección de los muy eminente directores D. Agustín Vázquez y D. Diego Moreno y Bellido. Siendo representados por don Antonio de Esteban y Puig.

Función para hoy domingo

A las siete de la mañana se correrá un bravo novillo llamado "del aguardiente", para los aficionados que gusten bajar a lidiarlos; se darán cuatro preciosos regalos.

Entrada general con un número para los cuatro regalos, un real.

POR LA TARDE

Se ejecutarán ejercicios gimnásticos, acrobáticos, cómicos, mímicos, pantomímicos y aerostáticos.

Se soltarán tres bravos novillos que serán lidiados, uno por la compañía y dos por los aficionados que gusten.

Las puertas del Circo se abrirán a las tres y la función empezará a las cinco de la tarde.

Entrada general 3 reales – Media, uno y medio.

5 DE JULIO DE 1874

"El Avisador Malagueño", de la fecha citada nos recuerda otro espectáculo.

CIRCO DE LA VICTORIA

Gran compañía ecuestre y gimnástica bajo la dirección del célebre

RAFAEL DÍAZ, tan querido del público malagueño.

Primera y última función para hoy domingo, a las cinco de la tarde, en la que hace su debut la primera artista del Universo

MLLE. SPELTERINI

La misma que tuvo la competencia con Mr. Bondín en el paso de las Cataratas del Niágara, donde dicha artista salió vencedora.

Todos los demás trabajos serán variados y escogidos, distinguiéndose el simpático Enrique Díaz, Bono, Breiler, Hilleras, Rodríguez, Merlo y todas las señoritas de la compañía.

Precios.- Palcos dobles, 40 reales –id sencillos, 30 – Entrada con silla, 7 reales. Entrada general, 4 reales – Media 2 reales.

7 DE JULIO DE 1874

Y estos son los breves comentarios de su verificación: "El Avisador Malagueño", del 7 de julio de 1874.

Con extraordinaria concurrencia tuvo lugar el domingo por la tarde la anunciada función en el Circo de la Victoria por la compañía gimnástica y ecuestre que dirige D. Rafael Díaz, y que tantas simpatías goza en esta ciudad, la que hace justicia al mérito notable de cada uno de los artistas que la componen.

La célebre funámbula, rival de Blondín, Mlle. Spelterini, acreditó la justa fama de que llega precedida a esta ciudad.

Paseo del Limonar

12 DE JULIO DE 1874

"El Avisador Malagueño", de 12 de julio de 1874, anunciaba para este día un espectáculo gimnástico-ecuestre.

CIRCO DE LA VICTORIA

Gran compañía ecuestre y gimnástica bajo la dirección del célebre

D. RAFAEL DÍAZ

Tan querido del público malagueño

Función para hoy domingo a las 5 de la tarde, en la que tomará parte la primera artista

MLLE. SPELTERINI

La misma que tuvo la competencia con Mr. Bondin en el paso de las Cataratas del Niagara, donde dicha artista salió vencedora.

Todos los demás trabajos serán variados y escogidos, distinguiéndose el simpático artista Enrique Díaz, Rafael Bronser, Hilleras, Rodríguez y todas las señoritas de la compañía.

PRECIOS.- Palcos dobles, 40 reales – id sencillos, 30 – Entrada silla 7 reales – Entrada general, 4 rs. – Media entrada, 2 rs.

14 DE JULIO DE 1874

Unos breves comentarios proporciona "El Avisador Malagueño", del 14 de julio de 1874.

El domingo por la tarde tuvo lugar en el Circo de la Victoria la anunciada función, por la compañía gimnástica y ecuestre que

---

dirige Don Rafael Díaz, siendo muy aplaudido en razón los artistas que tomaron parte en los difíciles y arriesgados ejercicios previamente anunciados en el programa de dicha tarde.

También ejecutó sus extraordinarios ejercicios la célebre funámbula Mlle. Spelterini, siendo aplaudida con gran entusiasmo, admirando su serenidad, destreza y fuerza, la numerosa concurrencia que en dicha tarde asistía al mencionado Circo.

16 DE JULIO DE 1874

Función gimnástica y ecuestre en el Circo de la Victoria. "El Avisador Malagueño", del 16 de julio de 1874.

Esta tarde se verificará en el Circo de la Victoria la última de las anunciadas funciones por la compañía gimnástica y ecuestre que dirige D. Rafael Díaz.

En ella tomará parte la célebre funámbula Mlle. Spelterini, a cuyo beneficio se dedica la función de esta tarde.

Los ejercicios que serán ejecutados por Mlle. Spelterini, las simpatías de que merecidamente goza en esta ciudad tan notable artista, y la circunstancia de ser esta tarde su beneficio, es indudable que llevará al Circo de la Victoria una extraordinaria concurrencia.

Tenemos noticias de que Mlle. Spelterini, ha de ejecutar esta tarde ejercicios que han de llamar la atención por su novedad y mérito.

2 DE AGOSTO DE 1874

"El Avisador Malagueño" recordaba otra función para ese día.
CIRCO DE LA VICTORIA
Gran compañía ecuestre y gimnástica de D. Rafael Díaz
Gran novedad, artistas nuevos.

Brillante espectáculo para hoy domingo 2 de agosto, a las cinco de la tarde.

Los célebres y simpáticos
HERMANOS FABRE
que tan buenos recuerdos dejaron al público malagueño en su trabajo.
EL PUENTE DE LA MUERTE
La amazona señorita
ENRIQUETA.
LOS HERMANOS LEONES

Todos los ejercicios serán variados, tomando parte todo el numeroso personal de la compañía. La función dará fin con una gran pantomima puesta y dirigida por Enrique Díaz.

Entrada general, 3 reales – Media, uno y medio.

Calle Sancha de Lara

30 DE AGOSTO DE 1874

"El Avisador Malagueño" de 30 de agosto nos recuerdo otra función gimnástica para ese día.

CIRCO DE LA VICTORIA

Hoy domingo 30 de agosto, tendrá lugar una grandiosa función compuesta de ejercicios gimnásticos y acrobáticos, bajo la tan acreditada dirección de la muy aplaudida y nunca bien ponderada artista

MLLE. SPELTERINI

En unión de otras notabilidades europeas.

En esta función en la que se distinguirá la simpática Mlle. Spelterini, se ejecutan carreras de velocípedos por todas aquellas personas que gusten tomar parte en ella, siempre que lleven el referido mecanismo una hora antes de abrir las puertas, adjudicándose un premio al que más vueltas de, en un tiempo señalado.

6 DE SEPTIEMBRE DE 1874

"El Avisador Malagueño", de esta fecha recuerda lo mismo.

Hoy domingo 6 de septiembre, tendrá lugar una grandiosa función compuesta de ejercicios gimnásticos y acrobáticos, bajo la tan acertada dirección de la muy aplaudida y nunca bien ponderada artista
MLLE. SPELTERINI

Entrada general, 4 reales – Media idem para niños y soldados sin graduación, 2 reales. – A las cinco en punto.

8 DE SEPTIEMBRE DE 1874

Y esta es la reseña de este espectáculo que publicaba "El Avisador Malagueño", del 8 de septiembre de 1874:

Con una numerosa concurrencia tuvo lugar anteayer tarde en el Circo de la Victoria, la anunciada función por la compañía que dirige Mlle. Spelterini, la que ejecutó nuevos y arriesgados ejercicios, siendo muy aplaudida.

13 DE SEPTIEMBRE DE 1874

"El Avisador Malagueño" de esta fecha nos recuerda dos funciones para ese domingo.
CIRCO DE LA VICTORIA

Hoy domingo 13 de septiembre, tendrá lugar dos grandes funciones, la primera a las cuatro de la tarde y la segunda a las ocho de la noche compuesta de ejercicios gimnásticos y acrobáticos, bajo la tan acertada dirección de la muy aplaudida y nunca bien ponderada artista
MLLE. SPELTERINI

Entrada general, 4 reales – Media entrada para niños y soldados sin graduación, 2 reales.
A las ocho de la noche.

DÍA 20 DE SEPTIEMBRE DE 1874

"El Avisador Malagueño" de 20 de septiembre recuerda otra función de la misma compañía.
CIRCO DE LA VICTORIA

Función para hoy domingo 20 de septiembre, a beneficio de la muy aplaudida y nunca bien ponderada artista

Calle del Arco

MLLE. SPELTERINI

Se compondrán de los más variados y escogidos ejercicios gimnásticos y acrobáticos.

Entrada general, 4 reales – Media idem para niños y soldados sin graduación, 2 reales.

A las cinco de la tarde.

La reseña de esta función nos la da La Unión Mercantil, del 20 de septiembre de 1927, en su sección "Tal día como hoy"

En el Circo de la Victoria, se verificó el beneficio de la sonámbula Mlle. Spelterini, quién atravesó con una cuerda todo el circo, montada en un velocípedo. Tomaron parte en el espectáculo los artistas Salvini, Godovvet y el Hércules Agustini.

También encuentro una breve reseña de este espectáculo en "El Avisador Malagueño", del 22 de septiembre de 1874:

Pocas veces hemos visto tan concurrida como lo estuvo el domingo en la tarde el Circo de la Victoria, así como en muy contadas ocasiones hemos visto al público de Málaga, dispensar una ovación tan extraordinaria como la que anteayer tuvo lugar al arriesgarse Mlle. Spelterini a pasar la maroma sobre un velocípedo, sosteniendo sólo el balancín, y con una rapidez casi increíble.

Felicitamos a Mlle. Spelterini, que ha conseguido colocar en esta ciudad su reputación a la altura que es conocida en cuantas capitales ha visitado, y nos congratularemos de que prolongue su estancia entre nosotros algunos días.

27 DE SEPTIEMBRE DE 1874

"El Avisador Malagueño" de esta fecha, nos comenta otra función de la misma compañía.

CIRCO DE LA VICCTORIA

Función para hoy domingo 27 de septiembre, en la que tomará parte la muy aplaudida

MLLE. SPELTERINI

Se compondrán de los más variados y escogidos ejercicios gimnásticos y acrobáticos.

Entrada general, 4 reales – Media idem para niños y soldados sin graduación, 1 real.

A las cinco y media de la tarde

Y estos son los comentarios de corta duración, que localizo en "El Avisador Malagueño", del 29 de septiembre de 1874:

En la tarde del domingo tuvo lugar en el Circo de la Victoria la función acordada para dicha tarde con la compañía que dirige la acreditada funámbula Mlle. Spelterini, la que obtuvo en sus difíciles y arriesgados ejercicios repetidos y entusiastas aplausos, por la numerosa concurrencia.

18 DE OCTUBRE DE 1874

En esta fecha anunciaba "El Avisador Malagueño" otra función.

CIRCO DE LA VICCTORIA

Hoy domingo tendrá lugar una grandiosa función de magia y prestidigitación por Mr. Edwar y Mlle. Zulsón.

Del "Avisador Malagueño", del 20 de octubre de 1874, es esta breve reseña:

Con regular concurrencia tuvo lugar el domingo en la tarde la anunciada función de magia y prestidigitación por Mr. Edwar y Mlle. Zulsón, consiguiendo numerosos aplausos.

Por complacer a varios aficionados a esta clase de espectáculos, verificarán dichos artistas en la noche de mañana en el Café restaurante Universal, la última función que darán en esta ciudad.

25 DE OCTUBRE DE 1874

"El Avisador Malagueño", de esta fecha nos recuerda otra función que se dio de magia y prestidigitación.

CIRCO DE LA VICTORIA

Este domingo 25 tendrá lugar una grandiosa función de prestidigitación, sonambulismo visión, por el célebre profesor Mr. Edwar y Mlle. Zulsonn.

Se lidiarán dos reses bravas por una lucida cuadrilla, tomando parte entre ellos, si llegan a tiempo, los célebres Manuel Ruiz (a) "La chata del Ferrol", José Acosta (a) "Sabañón", de San Fernando y José Mellado (a) el sentimental de id.

Entrada, 3 reales - A las tres

25 DE DICIEMBRE DE 1874

"El Avisador Malagueño", de la fecha citada, nos da el anuncio de las funciones para los días 25, 26 y 27.

CIRCO DE LA VICTORIA

Funciones para los días 25, 26 y 27 del corriente.
El apropósito bíblico en 6 actos
O sea

LOS COLOQUIOS
Entrada general, 2 reales – Silla y banco, 1 real - A las 7

AÑO 1875

28 DE FEBRERO DE 1875

"El Avisador Malagueño", de la indicada fecha vuelve a anunciar en este año, los consabidos espectáculos circenses:

CIRCO DE LA VICTORIA
Gran función para hoy domingo

Terribles lobos cervales del Norte, Gatos Monteses, Jabalí africano. Caballo Cauchú.

Bajo la dirección de doña Amalia Carmona y representada por D. Antonio de Esteban y Puig.

Se ejecutarán grandes trabajos mecánicos por el Caballo NAVARRO

El cual llamará extraordinariamente la atención del público.

Grandes riñas de fieras amaestradas, que serán presentadas y sujetas por el domador.

A las cuatro   a 3 reales

Y en "El Avisador Malagueño", del 2 de marzo de 1875, encuentro una breve referencia a este espectáculo:

La función que el domingo tuvo lugar en el Circo de la Victoria estuvo regularmente concurrida, siendo muy aplaudido el niño Mil... en su trabajo en los trapecios y cuerda floja, la lucha entre el lobo y los perros es notable, pero sería bueno no se permitiese durante este espectáculo la permanencia de espectadores en el redondel pues si bien los lobos se presentan atados, los perros están libres y en el ardor de la lucha pudieran dar un susto a los asistentes, pasando sobre ellos o atropellando a alguna criatura en su carrera.

7 DE MARZO DE 1875

Nuestro entrañable y habitual periódico que nos acompaña, en estos trabajos de investigación, anuncia otra función:

"El Avisador Malagueño", de la fecha antes citada.

CIRCO DE LA VICTORIA

Gran función para hoy domingo. Terribles lobos cervales del Norte. Gatos monteses, Jabalí africano y caballo Cauchú.

Bajo la dirección de doña Amalia Carmona y representado por D. Antonio de Esteban y Puig.

Se ejecutarán grandes trabajos mecánicos por el Caballo NAVARRO

El cual llamará extraordinariamente la atención del público.

Grandes riñas de fieras amaestradas, que serán presentadas y sujetas por el domador.

La chistosa pantomima mímica
EL SARGENTE MARCO BOMBA

A las cuatro   a 3 reales

3 DE ABRIL DE 1875

En "El Avisador Malagueño", de esta fecha aparecen noticias de la publicación de un nuevo periódico taurino, y estos son sus comentarios sarcásticos:

Hemos recibido otro periódico taurino con el título "El Chiclanero". Con este son tres o cuatro los organillos con que cuenta la más provechosa, civilizadora y simpática de las artes.

El toreo progresa: ya no me extraña que Cabrera quiera venir a España, a la España que ha soñado, a la España de pan y toros.

6 DE ABRIL DE 1875

"El Avisador Malagueño" en esta ocasión nos habla de la inauguración del mercado "Alfonso XII".

Según estaba anunciado, tuvo ayer lugar la solemne inauguración del mercado denominado "Alfonso XII", en el antiguo solar de Atarazanas.

Entrada principal del Mercado de Atarazanas

VISTA DE LAS ATARAZANAS DE MÁLAGA. (1838)

Atarazanas de Málaga

Poco después de la hora designada al efecto se puso en marcha la comitiva saliendo de las Casas Capitulares, recorriendo el tránsito que indicábamos en nuestro número del domingo.

11 DE ABRIL DE 1975

En esta fecha anunciaba "El Avisador Malagueño" una novillada:

Plaza de toros

CIRCO DE LA VICTORIA

Con superior permiso de la autoridad y si el tiempo no lo impide se verificará una lucida corrida de 6 novillos de muerte, en la tarde de hoy domingo.

Con objeto de la redención de las armas a un joven de esta capital.

Serán banderilleados el tercero y sexto novillos y muertos por el simpático espada Joaquín Maganote (a) el Morenito de Algeciras.

Las puertas de la plaza se abrirán a las dos y la corrida dará principio a las cuatro.

Entrada, 4 reales – Media 1

2 DE MAYO DE 1875

Continúan los espectáculos circenses en el Circo de la Victoria, y "El Avisador Malagueño", de la fecha mencionada lo incluía en sus columnas.

CIRCO DE LA VICTORIA
Función para hoy domingo

Por la compañía que dirige D. Diego Moreno, compuesta de ejercicios gimnásticos, cómicos, mímicos, pantomímicos, aerostáticos y de amazonas.

La función se compondrá de maravillosos ejercicios.

A las cuatro y media

9 DE MAYO DE 1875

Una nueva función aparece en las columnas del "Avisador Malagueño", de la fecha mencionada:

CIRCO DE LA VICTORIA

Función para hoy compuesta de ejercicios, aerostáticos, cómicos, bailetes preciosos

CUADROS AL VIVO

Que por espacio de... han ejecutado es este... bajo la dirección de D. Diego Moreno y Bellido, representado por D. Antonio de Esteban y Puig.

Una banda amenizará este espectáculo.

A 3 reales

"El Avisador Malagueño", del 11 de mayo de 1875, nos trae la reseña del espectáculo del 9 de mayo:

En la tarde del domingo se verificó en el Circo de la Victoria, la primera función en que han tomado parte las amazonas con que acaba de aumentarse la compañía que dirige D. Diego Moreno y Bellido, llamando extraordinariamente la atención de la escasa pero escogida concurrencia los ejercicios de la Srta. Rosa Montes, y los bien presentados cuadros vivos, siendo de sentir que no se traslade la compañía al Teatro Principal, donde estos espectáculos obtendrían mucho más lucimiento.

El público ha salido muy complacido, y en lo sucesivo auguramos a la empresa unos resultados más felices, cuando ya conocidos los artistas la pública fama se encargue de recomendar sus admirables trabajos, a los que no han tenido aún ocasión de conocerlos y apreciarlos.

30 DE MAYO DE 1875

Una novillada aparece reseñada en "El Avisador Malagueño", de esta fecha.

CIRCO DE LA VICTORIA

Gran corrida de seis novillos de muerte para hoy domingo.

Espadas: José Rodríguez, Bartolomé Soles, Tomás Monge, de Málaga, con su cuadrilla de banderilleros.

Entrada general, 3 reales - a las cuatro y media
Desafortunadamente no he localizado noticias de este evento.

13 DE JUNIO DE 1875

Siguen las funciones de circo en nuestra ciudad, como vemos en la publicación de "El Avisador Malagueño", de la fecha mencionada:
CIRCO DE LA VICTORIA

Extraordinaria y última función para hoy domingo a beneficio del público.

Con superior permiso y si el tiempo no lo impide.

Compuesta de nuevos y variados ejercicios gimnásticos, acrobáticos, mímicos y de sorprendentes
CUADROS AL VIVO

Los cuadros estarán completamente iluminados con luces de bengalas.

A las cinco y media - a 2 reales

11 DE JULIO DE 1875

El "Avisador Malagueño", de esta fecha, nos anuncia otra función.
Teatro de Verdad
CIRCO DE LA VICTORIA

Gran función para hoy
1° - El drama en tres actos
DEUDAS DE LA H...........
2° - El chistoso sainete
PANCHO Y MENDRUGO

Plaza de la Merced

3° - Tres escogidos cuadros.

4° - Terminado con baile de sociedad en el local de... la que estará adornada e... para el efecto, dando fin a ... de la madrugada.

A las 8 en punto

10 DE OCTUBRE DE 1875

Anuncio de un espectáculo para esta fecha, en "El Avisador Malagueño":

CIRCO DE LA VICTORIA

Habiendo quedado en ésta, parte de la compañía de Mr. Loyal, darán su primera función hoy domingo a...

(Falta el resto de la información)

"El Avisador Malagueño", nos proporciona una brevísima información, del espectáculo del día 10 de octubre:

La función de acróbatas que tuvo lugar por la tarde estuvo muy poco concurrida por más que las personas que a ella asistieron, nos hacen grandes elogios de los ejercicios ejecutados.

17 DE OCTUBRE DE 1875

Siguen las funciones circenses en el Circo de la Victoria, según anunciaba "El Avisador Malagueño", de esta fecha.

CIRCO DE LA VICTORIA

Grande, monstruosa y recreativa función para hoy domingo.

El resto del anuncio está cortado, o mal conservado.

5 DE DICIEMBRE DE 1875

"El Avisador Malagueño" nos recordaba otra función para ese mismo día.

CIRCO DE LA VICTORIA

Función para hoy

Gran asalto de armas

Beneficio del Sr... Catalán

Precios: Palcos con seis entradas, 20 rs. Sillas con entrada...

Entrada general...

Resto del anuncio cortado, con el tiempo y el mal uso, algunos periódicos están deteriorados.

Aprovecho esta oportunidad, para agradecer y reconocer la importantísima labor de D. Narciso Díaz de Escovar, en la conservación de tantos documentos, y la continuación del archivo, por la Fundación Unicaja.

De la función del día 5 de diciembre, parece que se ocupa "El Avisador Malagueño", del 7 de diciembre de 1875, al comentar la asistencia de público a los teatros malagueños:

Los teatros de nuestra capital se vieron muy concurridos el domingo por la noche, y eso que el público se hallaba dividido en los cuatro que están actuando a diario y semanalmente.

¡Qué afición la de nuestros paisanos de aquellos tiempos, a los espectáculos teatrales –no había futbol, baloncesto ni otros deportes -!

AÑO 1876

14 DE MAYO DE 1876
"El Avisador Malagueño" recuerda una capea.
Esta tarde habrá capea de novillos en el Circo de la Victoria.

31 DE AGOSTO DE 1876
"El Avisador Malagueño" da la reseña de una encerrona el día 30 de agosto.
Ayer fuimos invitados a presenciar una encerrona de cuatro novillos que se verificó en el Circo de la Victoria, en cuya fiesta tomó parte el Sr. O'Hara, habiendo sido imposible asistir por coincidir la hora en que tenía lugar con la de nuestros trabajos de redacción.
De todos modos, agradecemos el recuerdo.

19 DE SEPTIEMBRE DE 1876
"El Avisador Malagueño" nos habla de otra encerrona.
La encerrona taurina que tuvo lugar el domingo por la tarde estuvo muy animada, reinando entre los aficionados esa franca alegría, propia da las reuniones familiares.

Puerta del Mar desde La Alameda

Varios jóvenes lucieron su destreza singularmente al Sr. García, futuro torero de profesión, por lo que de sus planes para un próximo día se dio.

El ganado dio bastante juego y los concurrentes salieron satisfechos, yendo a concluir la tarde en el restaurante La Perla, donde les fue servida una opípara comida.

No he podido averiguar si tuvo lugar este espectáculo en el Circo de la Victoria o en la Malagueta, pero estas encerronas de tipo familiar solían celebrarse en el Circo de la Victoria.

22 DE OCTUBRE DE 1876

"El Avisador Malagueño", de esta fecha anunciaba una novillada. No indican si en el Circo de la Victoria, o en la Malagueta.

Esta tarde a la una tendrá lugar la corrida de novillos que celebra la Sociedad taurómaca "La Primitiva", lidiándose seis bichos de la ganadería de doña Antonia Breñosa, del Colmenar Viejo.

Según tenemos entendido, la concurrencia asistirá a los tendidos solamente, como es costumbres en estas fiestas, por convite.

Por organizarla la sociedad "La Primitiva" y la entrada por convite, pudiera tratarse del Circo de la Victoria, que además le costaría más barato el alquiler, pero por el ganado a lidiar de Colmenar Viejo y la comodidad del edificio, estrenado en este año, también pudiera organizarse en el circo de la Malagueta.

Manuel Fuentes Bocanegra

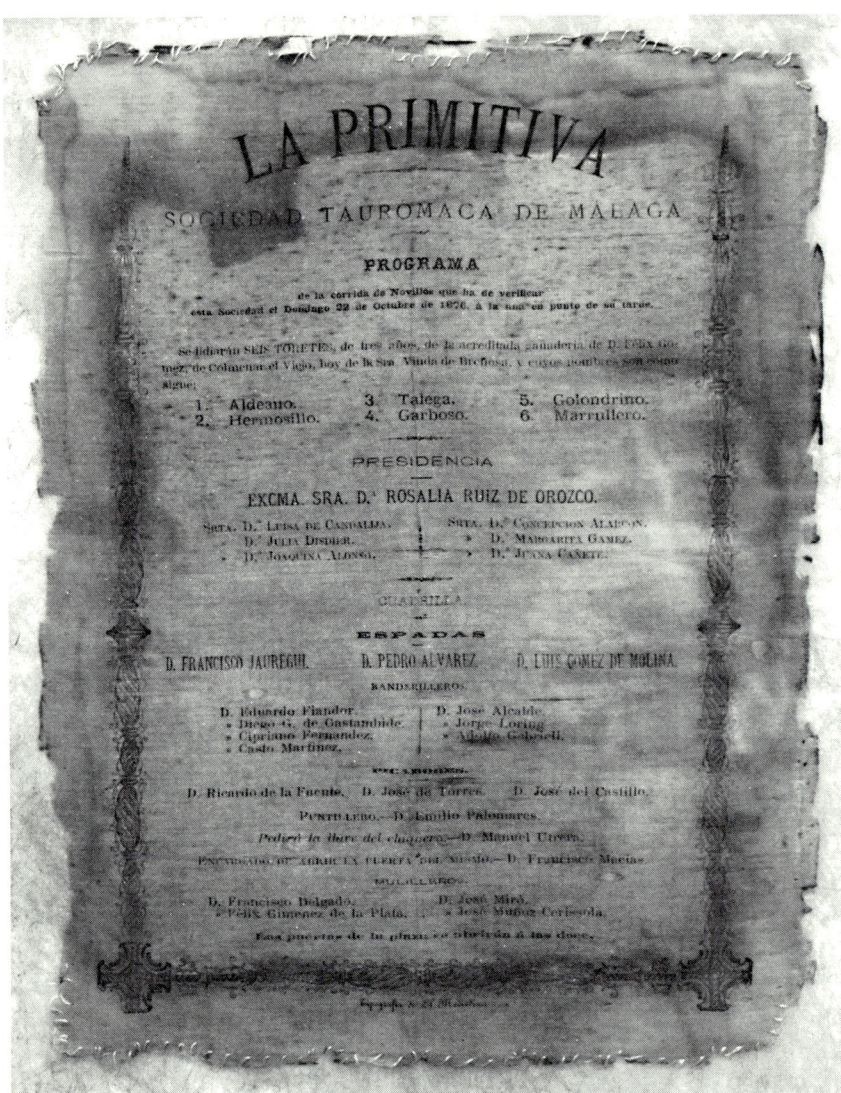

Cartel del 22 de octubre de 1876

Es lamentable que, en diferentes ocasiones, no especificasen los periódicos el sitio exacto de su verificación. ¡Había dos locales en Málaga, para los eventos taurinos!

Uno con capacidad para más de 10.000 espectadores como La Malagueta, y otro con alrededor de 2.500 como el Circo de la Victoria.

"El Avisador Malagueño", del 24 de octubre de 1876 nos da dicha reseña.

El domingo se celebró la corrida de novillos que se venía anunciando, tomando parte en ella varios aficionados de esta capital de los que componen la Sociedad taurómaca "La Primitiva". Los tendidos se vieron favorecidos por todo lo más bello y escogido que encierra Málaga.

Los lidiadores cumplieron bastante bien, dándose estocadas de primer orden, las que valieron a los matadores, así como a los demás, gran número de obsequios, como pureras de plata, dulces, cigarros y algunos objetos de los que constituyen el taurómaco avío.

Los bichos, aunque muy jóvenes, dieron bastante juego excepto uno que hubo de ser devuelto al toril, por no estar de humor de bromas.

El diestro Bocanegra dirigió la corrida, influyendo mucho sus oportunas indicaciones en el mayor lucimiento de los lidiadores.

29 DE OCTUBRE DE 1876

"El Avisador Malagueño", de esta fecha comentaba la corrida anunciada para ese día.

Esta tarde tendrá lugar en el Circo de la Victoria la primera corrida celebrada por el "Círculo Taurómaco", en la que se lidiarán 6 becerros de la ganadería de D. Francisco Ramos y García, vecino de Cortes de la Frontera, cuyos pelos y edades son los siguientes:

1º.- Jilguero, negro corni-alto, bien puesto, 3 años.

2º.- Cerezo, hosco corni-apretado, bien puesto, 3 años.

3º.- Veleto, hosco claro, ojalao, bien puesto, 3 años.

4º.- Indianito, hosco, de buen trapío, bien puesto, 3 años.

5º.- Culebro, hosco, corni-alto, bien puesto, 2 años.

6º.- Beato, hosco bragao, bien puesto, 2 años.

La función será presidida por la junta directiva, y una banda de música amenizará el espectáculo.

Esta novillada se suspende, como vemos por el anuncio publicado por "El Avisador Malagueño", del 31 de octubre de 1876, y se celebra el 12 de noviembre de 1876:

El "Círculo Taurómaco" que debería inaugurarse el domingo 29 del corriente con una corrida de novillos, nos remite anuncio, que explica la suspensión de la anunciada corrida:

Círculo Taurómaco de Málaga. A consecuencia de no reunir el ganado que debía lidiarse el día 29 del corriente, las condiciones estipuladas con el dueño de él, y no queriendo aceptar la Junta Directiva de esta sociedad responsabilidad de ninguna especie para con los señores socios de la misma, determinó en el acto de la prueba verificada ante varios individuos, suspender la corrida anunciada y buscar para otro día ganado que reúna las condiciones apetecidas, para cuyo efecto sabe el infraescrito secretario comisionado por la Junta Directiva y Sres. Socios; levantándose de lo acordado un acta para satisfacción de todos.

Los Sres. Socios que no estén conformes con esta medida justa y racional como el caso requiere, podrán pasarse a la Secretaría, donde les será devuelto el importe de sus recibos. – Málaga, 30 de octubre de 1876.

P.A.D.L.J.D., el Secretario, Aurelio Ramírez.

12 DE NOVIEMBRE DE 1876

"El Avisador Malagueño" nos recuerda para este día una corrida de novillos.

Esta tarde a la una tendrá lugar la corrida de novillos con que inaugura su creación el "Círculo Taurómaco de Málaga", debiendo lidiarse seis bichos de la conocida ganadería de D. José María Linares, vecino de Cabra, y cuyos pelos y edades son los siguientes:

1º.- Artillero, retinto, ojo-negro, bien puesto, dos años.

2º.- Clarillo, colorado, ojo de perdiz, boci-claro, dos años.

3º.- Grajito, negro azabache, corni-corto, dos años.

4º.- Tinajero, castaño, aldi-negro, dos años.

5º.- Palenciano, retinto, ojo-negro, dos años.

La presidencia estará a cargo de la Junta Directiva.

En los prospectos que han circulado se hace constar que los billetes de entrada que se repartieron a los señores socios para la corrida que se suspendió, serán válidos en la presente siendo personales e intransferibles.

El secretario y fundador del "Círculo Taurómaco de Málaga", era el prestigioso escritor, cronista y autor de libros taurinos, entre otros, don Aurelio Ramírez Bernal, que colaboraba en las principales revistas taurinas nacionales y locales.

Y estas son las breves noticias publicadas por "El Avisador Malagueño", del 14 de noviembre de 1876, de la novillada del 12 de noviembre de 1876, suspendida el 29 de octubre de 1876:

La corrida de toretes que estaba anunciada para el domingo en la tarde, se verificó al fin con bastante concurrencia; no obstante, el mal estado en que la lluvia había dejado el redondel. Los bichos dieron bastante juego, saliendo complacidos los aficionados de aquel espectáculo.

AÑO 1877

13 DE AGOSTO DE 1877

"El Juanero" nº 22.- En este periódico taurino aparece la siguiente noticia.

Varios jóvenes de la buena sociedad malagueña, preparan una corrida de toretes, para el día 8 del próximo septiembre.

Según nos dicen, deberá tomar parte como matador el buen aficionado malagueño Sr. D. Pedro Álvarez que actualmente se halla en Madrid; debiendo efectuarse dicha corrida en el Circo de la Victoria como local más apropiado para lidiar becerros.

No he encontrado noticias. Seguramente el tiempo lluvioso impediría la celebración de este espectáculo.

****

Y del mismo periódico y día es este breve comentario del anuncio de una encerrona:

El día 19 tendrá lugar en el Circo de la Victoria, una encerrona de reses bravas, las que serán estoqueadas por varios aficionados al toreo, pertenecientes al gremio de cortadores de carne.

No se han encontrado referencias de esta encerrona.

9 DE SEPTIEMBRE DE 1877

"El Avisador Malagueño" nos habla de otra función acróbata.

Esta tarde según lo indicado en días anteriores, debe tener lugar una nueva función acróbata en la plaza de toros.

20 DE SEPTIEMBRE DE 1877

"El Avisador Malagueño" anuncia el retraso de una corrida anunciada para el domingo siguiente a esta fecha.

Parece que la corrida de novillos anunciada para el domingo próximo, no tendrá ya efecto.

13 DE NOVIEMBRE DE 1877

"El Avisador Malagueño" nos da la reseña de una corrida de novillos.

La corrida de novillos verificada anteayer en el Circo de la Victoria estuvo poco animada, contribuyendo a que sucediera así, el escaso juego que dieron las reses.

19 DE NOVIEMBRE DE 1877

"Boletín de Loterías y Toros" decía lo siguiente:

En la encerrona que tuvo lugar en Málaga en el Circo de la Victoria, arroyó un novillo a uno de los aficionados y al hermano de Lavi, que quitó los trastos al primero para rematar la última suerte.

Ninguna de las lesiones recibidas por uno y otro ofrecen gravedad.

Esta noticia seguramente correspondería a la encerrona del 11 de noviembre de 1877, que se hace mención el 13 de noviembre de 1877.

Calle Marqués de Larios en construcción

AÑO 1878

6 DE ENERO DE 1878

"El Avisador Malagueño" anuncia otra función en el Circo de la Victoria.

CIRCO-TEATRO
De la antigua plaza de toros
Función para hoy domingo

Vista del paseo público de Málaga llamado La Alameda
(Archivo Díaz de Escovar)

LOS COLOQUIOS
Entrada general, 2 reales – Media, 1 real.

14 DE JULIO DE 1878

"El Avisador Malagueño" comenta otra función para ese día.

CIRCO DE LA VICTORIA

Grande y extraordinaria función para hoy domingo 14 del corriente, por la compañía acróbata que dirige Mlle. Agustini.

Entrada, 2 reales – Media, 1 real.

21 DE JULIO DE 1878

"El Avisador Malagueño" de esta fecha recuerda otra función.

Grande y extraordinaria función para el domingo 21 del corriente, por la compañía acróbata que dirige Mlle. Agustini.

Entrada 2 reales – Media, 1 real.

A las cinco de la tarde.

23 DE JULIO DE 1878

"El Avisador Malagueño" nos da una reseña de la función del domingo anterior.

La función que el domingo tuvo efecto en el Circo de la Victoria proporcionó a la notable funámbula Srta. Agustini, un legítimo triunfo.

El jueves, según anuncian los programas, tendrá efecto el beneficio de aquella artista.

25 DE JULIO DE 1878

"El Avisador Malagueño" se hace eco del anuncio para el jueves 25 de julio.

CIRCO DE LA VICTORIA

Grande y extraordinaria función para hoy jueves 25 del corriente, por la compañía acróbata que dirige Mlle. Agustini.

Entrada, 2 reales – Media, 1 real.

A las cinco de la tarde.

18 DE AGOSTO DE 1878

"El Avisador Malagueño" de 18 de agosto nos recordaba otra función de novillos y trabajos acrobáticos.

CIRCO DE LA VICTORIA

El domingo 18 de agosto tendrá lugar una divertida y extraordinaria función de novillos de muerte y capeo, y los trabajos acrobáticos de Mlle. Agustini.

Entrada general, 3 reales.

A las cinco de la tarde.

La reseña nos la trae "El Avisador Malagueño" de 20 de agosto.

La funámbula Srta. Agustini al ejecutar anteayer sobre la maroma en el Circo de la Victoria sus difíciles ejercicios, tuvo la desgracia de caer sobre la red extendida abajo, infiriéndose un violento golpe en el rostro, que le imposibilitó seguir trabajando.

****

Con una entrada regular dio principio la función en el Circo de la Victoria a las cinco de la tarde, con varios ejercicios de equilibrio por la señorita Agustini, siendo muy aplaudida. Después, el trabajo en la barra fija por dos artistas de la compañía.

Los novillos muy mal.

8 DE SEPTIEMBRE DE 1878

"El Avisador Malagueño" recuerda ahora una comedia.

CIRCO DE LA VICTORIA

Ya está aquí Periquillo, pero no el de los palotes. Sabemos que para la velada de la Victoria se inaugura en el circo un precioso teatro de marionetas y autómatas, en el que se ejecutarán bonitas funciones de magia con lindas decoraciones.

Este teatro es del mismo género del que funcionó hace algunos años en Lope de Vega. Los espectáculos serán entre tarde y noche para la mejor comodidad del público.

Las funciones darán principio hoy 8 de septiembre a las seis y media de la tarde con la magnífica comedia... (ilegible).

14 DE SEPTIEMBRE DE 1878

"El Avisador Malagueño" nos comenta para el día 15 de septiembre la misma función.

CIRCO DE LA VICTORIA

Divertida función para el domingo 15 de septiembre.

La linda comedia de magia en 4 actos, Marta la hechicera, y un bonito baile de magia, Periquillo en la selva encantada.

Entrada general, 1 real - A las siete.

Arco de la calle de La Victoria. Llegada de la reina Isabel II
(Archivo Díaz de Escovar)

Café de La Maestra (calle Tomás Heredia)

AÑO 1879

15 DE AGOSTO DE 1879
"El Avisador Malagueño" de este día anunciaba una función circense en el Circo de la Victoria, pero la impresión del periódico esta tan deteriorada y borrosa, que no puede leerse casi nada, pero se celebró según compruebo por "El Avisador Malagueño, del 17 de agosto de 1879.

La función celebrada el viernes en el Circo de la Victoria, llevó a aquel local una escasa concurrencia.

AÑO 1880

29 DE AGOSTO DE 1880
"El Avisador Malagueño" de esta fecha anunciaba una corrida de novillos.

Parece que mañana tendrá efecto una corrida de novillos, dispuesta por algunos socios del Centro taurino, que han elegido al efecto el Circo de la Victoria.

El espectáculo será a puerta cerrada y sólo podrán asistir los señores que pertenecen a la sociedad aludida.

También el "Boletín de Loterías y Toros", del 30 de agosto de 1880, se ocupaba de esta novillada y anunciaba: *Una corrida de novillos, lidiados por algunos de los socios del Centro Taurino, para el citado día y a puerta cerrada en el Circo de la Victoria.*

No he localizado noticias de su verificación.

Vista de La Linterna y batería de San Nicolás
(Archivo Díaz de Escovar)

20 DE SEPTIEMBRE DE 1880

El "Boletín de loterías y Toros", de la citada fecha, daba cuenta de la celebración de una novillada sin especificar la fecha exacta, que por las características me inclino a pensar que fue en el Circo de la Victoria.

La novillada que dieron el domingo en Málaga varios apreciados aficionados, no pasó de regular a causa de las malas condiciones del ganado.

Los becerros fueron estoqueados por los Sres. Barrionuevo, Lasso y Macías, éste último por cesión de don Diego Gaztambide.

Dieron algunas buenas estocadas, y algún par de banderillas estuvo puesto de mano maestra, siendo muy aplaudidos los jóvenes toreros por el muy escogido público que asistió al espectáculo, y obsequiados por las bellísimas presidentas con profusión de dulces y flores, a más de una elegante cartera de piel de Rusia, una bonita navaja de monte y otro objeto análogo que recibieron como regalo los señores matadores.

AÑO 1887

26 DE JUNIO 1887

La Unión Mercantil de esta fecha escribía sobre el proyecto de la construcción de una plaza de toros en el antiguo Circo de la Victoria.

Parece que el proyecto de construir una plaza de toros en el antiguo Circo de la Victoria es serio y que se trata de realizarlo lo más pronto posible.

A este efecto se nos dice que en los almacenes del Sr. Príes serán contratadas las maderas para la construcción del nuevo circo taurino, y que existe el propósito de dar corridas formales.

Este proyecto no llegó a realizarse, es de suponer que con la plaza de toros de la Malagueta funcionando (se inaugura en el año 1876) no era preciso otra plaza de toros. Ignoro qué otros motivos impulsaron este proyecto.

Termino esta labor documental rescatando una foto de la persona que hizo posible sacar una buena parte de la información de aquella época en nuestra ciudad, D. Narciso Díaz de Escovar.

D. Narciso Díaz de Escovar

Esta entrañable labor de documentación, sin más pretensiones que poder ser recordado por todo el interesado en Málaga o sus costumbres, se terminó de imprimir en los talleres de Ediciones del Genal,

Málaga, 2024